# 死を超える力

## チベット賢者の不滅の教え

石川 美恵 著

# はじめに

## チベット僧と出会う

私の大切な師のひとり、ケンスル・リンポチェ・テンパギェルツェン師と出会ったのは、1980年代の終わりのことです。

日本はうたかたの夢のようなバブルの絶頂期で、大学キャンパスにはパステル・カラーの学生たちがあふれていました。大学院に進学したばかりの私は、縁あって東京・本駒込にある東洋文庫（現・公益財団法人　東洋文庫）のチベット研究室でアルバイトを始めたのですが、その研究室にいらっしゃったのが文部省招聘研究員（当時）として滞在なさっていた、師でした。

ゲシェラー――私たちはケンスル・リンポチェ・テンパギェルツェン師のことを敬慕の情を込めてこう呼んでいました。「ゲシェ」とは「善き教えをたずさえ、導いてくれる友」のことですが、チベットでは僧院の学位をさします。「ラー」は敬称ですから、「ゲシェラー」は言わば「博士様」。

実際に、私たちが呼びかけるときには「先生！」というほどの親しい気持ちでした。生まれて初めて話したチベット人教授は、ダライラマ14世の学友で僧院長でもあったとは思えぬほど気さくで、厳めしいところなど欠片《かけら》もないにこやかな僧侶でした。ゲシェラーは、仕事の合間に（しばしば最中に）様々な話を聞かせて下さいました。禅僧の祖父を持つ私には、朗らかなゲシェラーと話すのが心地よく、あたかも亡くなった祖父と一緒にいるようなほのぼのとした気持ちになったものです。

そのうちゲシェラーは、少しずつチベットの話をして下さるようになりました。そんな話の中に、愛する故国を失った日のことも混じっていました——。

1959年には、ゲシェラーはまだ20代の青年僧でした。ちょうどお師匠が行《ぎょう》の最中で、暗室にこもったお師匠の行のお手伝いや身のまわりのお世話をしている時期でした。

その頃のチベットを取り巻いていた危機的な状況は、ゲシェラーにも充分すぎるほどわかっていましたが、密教行者だったお師匠は行に入ったままでしたから、いつもと変わらぬ弟子の務めを果たし続けていました。

しかし、その日はもう限界でした。銃声や砲撃音は鳴り響き、殺戮と破壊は間近に迫っていました。僧であれば、ひとの行を途中で邪魔することなどありえません。ましてやそれがお師匠なら。それでも、暗室にこもったままのお師匠に、ゲシェラーは懇願せずにはいられませんでした。

「お願いです、ここを出て下さい！　人民解放軍がそこまで来ているんです！」

幸いにも、そのときに深い禅定には入っていなかったお師匠は、静かに答えました。

――私はまだ行が終わっていない。だからここを出ることはできない。

「どうか、どうかお願いです！　一緒に逃げて下さい！」

必死で頼み込むゲシェラーに、お師匠は告げました。

――私はもう年寄りだ。だから、私のことはかまわなくていい。だが、おまえはまだ若い。これから生きなくてはならない。だから、おまえは行け。おまえひとりで、行きなさい。

それは、お師匠の命令でした。

その意志の固いことを悟り、ゲシェラーは断腸の思いで脱出します。何事もなかったかのようにこれまで通りの行に入ってしまったお師匠をあとに残して、険しい雪山の道を、仲間の僧たちとともに、過酷な、行く先に身を寄せるあてすらない脱出行に旅立ったのです。

雪山を逃げる途中、ふと仲間が立ち止まったそうです。ラサから遠ざかり、争乱から離れた頃でした。

——やっぱり、還俗《げんぞく》して戦う。

ひとりがそう言うと、他の者たちも打たれたように同意し始めました。

——……還俗しよう。戦おう。

彼らは、決して生きものを殺さないという不殺生戒《ふせっしょうかい》を誓った学僧たちでしたから、人を殺すことなんてなおさら思いも及ばないはずです。だからこそ、戒を返し俗に戻り武器を取ることがどういうことなのか充分にわかっていました。堕ちる地獄の恐さも、誰よりも身に染みていたはずです。でも、みなまだ20代でした。今、理不尽に故国を追われ、田舎に残した父や母、無辜《むこ》の同胞たちが自由を奪われ殺されていくのを知りながら、自分だけが生き延び、逃げることなんてできない！　彼らはそう言いました。

そう言って、別れを告げました。必死に逃げてきた道を、虐殺が繰り広げられる現実の地獄へ、再び帰って行ったのです。

結局、そのとき去った仲間とはひとりも生きてまみえることはありませんでした。お師匠のその後も定かではありません。家にいたはずの母の行方も、同様に。

1980年代も終わりの東京で、ゲシェラーからこの話を伺ったとき、私も20代前半でした。ゲシェラーがその後一度も帰ったことのない（帰れない）チベットの現代史もよく知らず、ゲシェラーの見てきたものの深さも重さもまだ知りませんでした。私はただ、その温厚な人柄と、気持ちを和ませるまん丸顔に浮かぶ優しく晴れやかな笑みに魅かれ、仏教というものが、高い学識だけでなく、これほど温かく力強く、しかも清々《すがすが》しい人柄さえ養うことに驚き憧れ、自分のこの人生を仏教に賭けてみたいと思い始めていた頃でした。

だから、この最も敬愛するチベット人高僧の過去の話は、身を抉《えぐ》られるように辛くこたえました。

——それほどのことをされたら、私ならものすごく恨んで憎んでしまうでしょう。

と、私は憤りをあらわにしたものです。が、そのときゲシェラーは言いました。

「違います、違います。恨んではいけません。本当にひどいことをされたときにも、それを恨んだり憎んだりしてはいけない。そのかわりに、恨む心を祈りに向けて下さい。相手の心にある怒りや憎しみが消えるように、念じて下さい」

——私には、そんなことってもできません。

ゲシェラーは微笑みました。

「そうしようと思って下さい。そこからでいいんです」

そこからでいい……！

この人はなんという人だろう！……心臓を鷲掴みにして激しく揺さぶられたような気がしました。

そのとき私は、この人が生きて雪山を越えてくれたことに心から感謝しました。もしあのとき、他の仲間たちと同じように逃げる途中で踵《きびす》を返し、戦乱の巷に戻っていたら、この人に出会えなかったのですから！

その日、武器を取らず逃げたという自分の選択を、ゲシェラーは、

「臆病だったんです。人を殺すことも、死ぬことも恐かったんです」

と笑っておっしゃったけれど、本当はきっとそうではないのでしょう。ゲシェラーのお師匠が命じたように、生きなくてはならなかったのです。生き延びて、世界に、世代を越え、国を渡り、伝え続けねばならないことがまだたくさんあったからに違いありません。

仏には値《あ》いがたく（難値仏《なんちぶつ》）、それは「三千年に一度しか咲かない優曇華《うどんげ》の花のように稀」だといわれますが、現実には菩薩にすら値《あ》えないものです。しかし、ゲシェラーに接するとき、仏教が目指そうとしていたもの、仏教者が生きようとしていた真の姿がよくわかりました。「上求菩提《じょうぐぼだい》・下化《げけ》衆生《しゅじょう》」の菩薩の精神は、まさしくゲシェラーの中に生きていたのですから。私にとってその姿に接することは、優曇華の花にまみえるほどの僥倖《ぎょうこう》に違いなかったのです。

これから、その希有な花の美しさや香りを——チベット仏教の教えを、ゲシェラーをはじめとする数々のチベット人師匠たちの言葉とともに、お伝えしていきたいと思います。

チベット人亡命者たちが、1959年をどのように生き延びたかを生々しく伝える邦訳、著作がいくつかある。ダライラマが自ら半生を語った『チベット わが祖国』（木村肥佐生訳、中公文庫、1995）。チベット貴族の娘であるリンチェン・ドルマ・タリン氏による『チベットの娘』（三浦順子訳、中公文庫、1991）。宗教学者・中沢新一教授の師匠ケツン・サンポ師の自伝『智慧の遥かな頂』（ラマ・ケツン・サンポ著、中沢新一編訳、角川書店、1997）。なお、加筆・改題された『チベットの先生』（角川ソフィア文庫、2015）が入手しやすい。直接この年のことを記しているわけではないが、世界を股にかけてリトリート（数日にわたる講話会）を精力的におこなっているナムカイ・ノルブ・リンポチェもまた、学僧だった当時のチベットの状況とみずからの修行の過程とを『虹と水晶』（永沢哲訳、法蔵館、1992）の中で語っている。このほか、「特集 チベット仏教」（『Samgha Japan』Vol.24. 永沢哲監修、株式会社サンガ、2016）では、化身活仏で日本人の弟子も多いニチャン・リンポチェが、永沢氏のインタビューに答えて当時の苦難を伝えている。

ゲシェラー：インド・デラドゥンにて、1997年。野村正次郎氏撮影

◉

# 目次

## 第4章　からだをめぐる風　93

# 第5章　2つの「死者の書」　99



# おわりにかえて——薬王楽土　119

# 第1章　観音菩薩とカーラチャクラ父母尊《ぶもそん》

## 生死は仏とともに

ターミナル・ケア（終末期医療）にたずさわる医師から、こんな話を聞いたことがあります。
患者の中で、最も自然に自分の死を受け入れ憂いなく死んでいくことができるのは、クリスチャンの方々だと。そして最も死にきれないのが、唯物主義に凝り固まった方だそうです。死んだら何もないのだ、と思い切れればよいものを、死んだら自分の生すらなかったことになる恐怖に打ちのめされるようです。

日本でクリスチャンの方々の死にぎわが潔《いさぎよ》いのは、おそらく仏教や神道の色濃いこの国で、みずからの意志でその宗教を信じ、主体的にイエス・キリストや神を愛していらっしゃるからなのでしょう。イエスとともにあるという「信」の力の強さが、死すらイエスに任せきる気持ちにさせているに違いありません。

現在、日本人の生活は欧米化していますが、だからといって宗教生活まで欧米化しているわけではありません。クリスマスも楽しく祝いますが、その人たちがイエス・キリストを心から信じているわけではないし、イエスとともにあることを喜びながら死の時を迎える方も、少数でしょう。日本人の葬儀の多くが仏教の様式でおこなわれるように、日本はやはり仏教国です。ところが、仏教が日本人の死にぎわを支える思想であると言い切れなくなっているのも事実です。

同じ仏教国であるチベットでは、かつては生活そのものが仏教の中にありました。今も、多くのチベット人の生活は仏・菩薩への祈りと感謝で満ち、仏教は人生を輝かせる美しい緯《よこいと》になっています。生ばかりでなく死に際してもまた仏とともにあり、間違いなく仏教が、チベット人の死にぎわを支え、あゆみをともにする「杖」となっているのです。

では、そんなチベット人がその「杖」を頼りに「どのように死に臨むのか」をお伝えするために、まず、チベット人が信じている「もの」や「こと」からお話ししたいと思います。

## 観音菩薩

仏・菩薩とともに生きるチベット人にとって最もポピュラーな尊格が、観音菩薩です。「念彼観音力《ねんぴかんのんりき》」という言葉をご存じの方もいらっしゃることでしょう。「かの観音の力を念ずる」という意味のこの言葉は、『法華経《ほけきょう》』「普門品《ふもんぼん》」――一般に『観音経』と呼ばれるお経に出てきます。「念」とは、古代インド語であるサンスクリット語で smṛti（スムリティ）といい、「記憶すること、強く思うこと」を意味します。ですから、「念彼観音力」とは、観音菩薩の力を強く思う、ありありとその姿や力がここに到ると信ずることです。

『観音経』には、「三十三身《じん》」という比喩で語られた、ありとあらゆる姿をとった観音菩薩が、様々な災厄から人びとを救うことが説かれています。つまり観音菩薩は、それを見るものにとって最も受け入れやすい姿になって目の前に現れ、その人を救い出すのです。

チベットではダライラマを、この「観音菩薩の化身」であると信じています。

ヒマラヤに抱かれたチベットの首都ラサにあるポタラ宮は、1994年にユネスコ世界遺産にも登録された歴史的建造物ですが、ダライラマ5世（1617〜82）によって建立されて以来、歴代ダライラマの住まいであり、政務を執りおこなう場所ともなっていました。「ポタラ」とは、サンス

観音菩薩：個人所蔵

ポタラ宮：著者撮影

クリット語で「Potalaka（ポータラカ、補陀落《ふだらく》）」といい、観音菩薩の浄土（仏国土）のことです。

ポタラ宮のあるマルポリの丘は、かつて観音菩薩が地上に降り立った場所、と伝えられていますが、そこには観音菩薩とチベットとの関わりを説くひとつのエピソードがあります。ゲシェラーから、私はこのように聞きました。

## 十一面千手千眼観音の由来

その昔、観音菩薩が阿弥陀仏の御前で下界の人びとを思い、ひとつの誓いを立てました。

「私は生きとし生けるものすべてを幸せにしたいと思います。煩悩に縛られたあらゆるものたちを輪廻から解き放つまで決してあきらめません。もし、少しでもあきらめてしまったら、そのときには私の頭は十に裂け、身体は蓮華の花びらのように千々《ちぢ》に砕け散るでしょう」

そう誓ったあと観音菩薩は様々な姿をとり、西に東に飛び回り、世の生きものを救い続けました。

ずいぶん時がたったあるとき、

「これだけ生きものを救ってきたのだから、もうそろそろ世の中は穏やかになっていることだろう」

と、マルポリの頂きに降り立ち地上を眺めてみると、まだまだ人びとは争い、生きものは苦しみに喘いでいました。そこで観音菩薩は、さらにいっそう救いがたいものたちを力を尽くして救い続けました。

疲れ果てた観音菩薩は、心を休める瞑想に入りました。やがて瞑想から出て、

「これだけやったのだから、もうこれで地上は大丈夫だろう」

と、覗いてみると……。

生きものはまだちっとも苦しみから逃れていません。

そのとき、ほんの一瞬だけ観音菩薩の心にあきらめの気持ちがよぎってしまいました。「私には無理じゃないかな」と。

途端にかつての誓願の力が発動し、観音菩薩の頭は十に裂け、身体は千々に砕け散りました。

それを知った阿弥陀仏は即座に現れ、観音菩薩の裂けた頭を十の顔を持つ頭にそれぞれ整え、砕け散った身体を掻き集めて千の手とし、手の一つひとつに千の眼を与え言祝《ことほ》ぎました。

「これならあなたひとりではない。この十一面千手千眼の力によって、生きとし生けるものをさらに教え導くがいい」

こんなわけで、十一面千手千眼観音の十の頭の天辺《てっぺん》には、阿弥陀仏が載っているのです。

ここで伝えられている観音縁起が示しているのは、観音菩薩がラサのマルポリの丘から地上を眺

めたチベットとの関わりと、十一面千手千眼観音の像容の由来です。

仏・菩薩は経典によって違いがあるもののいくつかのグループに分かれ、釈尊の仏部や、力を司る金剛手菩薩《こんごうしゅ》の金剛部などそれぞれ特徴があるのですが、阿弥陀仏と観音菩薩はともに蓮華部に属しています。阿弥陀仏は蓮華部の仏、観音菩薩は蓮華部の菩薩です。

仏（仏陀）は、完全な悟りを得ており、生まれ変わり死に変わる輪廻から完全に離れていますが、菩薩は自らの意志で輪廻にとどまり、生きとし生けるものを救済します。

「皆さん、どうぞどうぞ、お先に。私がしんがりを務めますから」

と言える剛の者が、菩薩――サンスクリット語ではボーディサットヴァ（bodhisattva）といいますが、「悟りを得ようと願う心を持った勇猛果敢なもの」という意味になります。

仏と菩薩の関係には、「本体」と「はたらき」という見方もあります。阿弥陀仏が本体で、そのはたらきとして観音菩薩という形で現れるということです。「司令塔と実動部隊」と考えるとわかりやすいかもしれません。

輪廻というのは「暴流《ぼる》」にも喩えられる生死の果てしない繰り返しで、どうにも抗うことができず抜け出しようのない因果の流れです。この暴流から救い出してくれるのが菩薩。ことに観音菩薩は、ありとあらゆる姿を取って目の前に現れるという化身能力に長けた、代表的な菩薩です。

ですから、十一面千手千眼観音というのは、もともと化身能力が勝れているのに加えて、十の頭であらゆる方向のすべての音を観ずる――ものごとの動きを見、聞き分ける力を授けられ、千の手にある千の目でどのような状況も見逃さず救いの手を差し延べることができるようにと、阿弥陀仏の願いを受けて改造され救う力もパワーアップした菩薩といえるかもしれません。

## ターラー菩薩

観音信仰のいき渡るチベットで、観音菩薩と同様に広く信仰されている尊格が、ターラー菩薩（チベット語では、ドルマ）です。女尊の姿をしており、「観音の涙から生まれた」という逸話があります。ターラー菩薩についてゲシェラーが教えて下さった話は次のようなものでした。

### 観音の涙

観音菩薩は生きとし生けるものを救い続けたけれど、生きものの苦しみはちっとも減らない。

「私がどれだけ救っても救いきれないのか……」

と絶望の涙を流したところ、その1粒は白ターラー、もう1粒は緑ターラーとなって現れ、あふれる観音の涙を両手で受けて掬い取りながら、

「私たちがお手伝いしますから、もう大丈夫です」

と慰めたのです。

チベットでは、白ターラーは無病息災・延命長寿などに効験があるとされ、緑ターラーは災難消除のほか商売繁盛などのご利益もあるといわれています。白ターラーは阿弥陀仏の、緑ターラーは願えばすぐに傍らに現れる観音菩薩のキャラクターを色濃く写しているのでしょう。

このターラー菩薩については、こんな話もゲシェラーから聞きました。

## ターラー菩薩の加護

ある小僧さんが師僧のおつかいで遠出をすることになりました。途中は悪鬼の出るような悪路でしたから、師僧は小僧さんにターラー菩薩のマントラ（真言）を授けました。

「オーン・ターレートゥッタッレートゥレー・スヴァーハー。これを唱えるのだよ。そうすれば、ターラー菩薩が守って下さる。お前をこの真言で包んで、悪鬼から隠して下さるのだから」

そうして小僧さんはおつかいに出かけました。

やがて小僧さんは、悪鬼が出るという恐ろしい道にやって来ました。怖くて、必死に師僧から習ったターラー菩薩の真言を唱えます。

「オーム・ターレー……」

その道の木陰にいた悪鬼は、

「おや～？　美味《うま》そうな小僧の匂いがするぞ！」

と、辺りをきょろきょろ見回しました。

「オーン・ターレー……」小僧さんは唱えます。「ターレー……えーと、トゥレースヴァーハー。オーンターレー……トゥレー……」

完全には思い出せませんでしたから、小僧さんの真言は途切れ途切れです。

悪鬼が匂いのする方を見てみると、見えたり見えなかったりの縞模様で荒っぽく姿を隠した不思議な生きものが恐ろしい呪文とともに歩いて来るではありませんか!?

「ぎゃーっ！　こんな恐ろしいものを見たことがない！」

悪鬼は怖くなって叫びながら一目散に逃げ出しました。

ゲシェラーは自分の話に大笑いしながら、語って下さったものです。

私は、『耳なし芳一《ほういち》』を思い出していました。

琵琶《びわ》の弾き語りに涙した平家の亡霊たちに請われ、亡者のもとに通い続ける琵琶法師の芳一。それを不審に思った友人の住職が、芳一が憑《たた》り殺されるのを怖れ身体中に経文（『般若心経《はんにゃしんぎょう》』）を書くものの、迎えに来た平家の亡霊には経文を書き忘れた耳だけが見えたので、その耳を引きちぎり持ち帰っていった――というあの有名な怪談です。

主人公が僧（小僧）であること、経文（真言）の加持力で姿を隠す（隠身《おんじん》）こと、亡霊（鬼）には全体が見えないことなど、話の要素には似た部分も多く、両話の淵源は重なるかもしれません。

しかし、『耳なし芳一』が美しくも悲しく、しかもいささかグロテスクな日本的怪談話であるのに対し、チベットの小僧さんの話は明るくてコメディのようです。

芳一が纏《まと》った経文は姿を消すための加持力を発揮しますが、平家の亡霊にとって宙に浮いている「耳」は奇妙なものではなく、芳一の存在を認識させる証拠の「芳一の耳」そのものとなっていました。亡霊は「耳だけの芳一」を怖れないばかりか、芳一そのものを連れ帰れない代わりの品として、持ち去って（引きちぎって）しまいます。

ところが、ターラー菩薩の真言によって斑《まだら》に隠された「小僧さんの身体」は、悪鬼に対して「小僧の匂いはするけれど、見たことのない恐ろしいイキモノ」に見せてしまう力を持っていたわけです。つまり、加持力がより積極的な効果をもたらしていると考えているようです。こう解釈しているところがチベットらしさでしょうか。

また「師僧の教えは正しいけれど、小僧さんがうろ覚え」であることも、師匠（ラマ）を尊ぶお国柄をよく表しているように思います。

一族の滅亡を語る琵琶の美しさに涙する雅《みやび》な平家の亡霊たちに較べ、チベットの人食い悪鬼は人間的でユーモラスですらあり、「自分に理解できない存在を怖れる心」がありました。これもまたチベットならではといえるのかもしれません。

## 真言の効果

チベットでは、真言は師に「ルン（lung）」を授けてもらわないと真の効果を発揮しない、といわれています。

「ルン」とは、「伝授」と訳されるものですが、口伝《くちづ》てで真言を教わることです。ターラー菩薩の話の小僧さんの場合、師僧から口伝てで教わったときに「ルンを授かって」いたわけです。チベットでは、これによって師にそなわった（師に伝えられた）真言の力が、弟子にもそなわる、と考え

ターラー菩薩：緑ターラー。個人所蔵

吉祥天（ペンデン・ハモ）：ダンカル寺（スピティ）、
ニャガツァン堂、入り口上方右壁画。著者撮影

ています。師に伝えられたターラー菩薩のご縁に、弟子も預かった、ということです。

もしもターラーにご縁を感じ、「ルン」を授けてもらいたいと思われたなら、どうぞ本物のチベット僧から授かって下さい。参考までに、本書の巻末（付録3）には日本で接することのできるチベット仏教の関連事務所一覧を載せておきました。

## 吉祥天

吉祥天、あるいは吉祥天女は日本でも馴染み深く、護国豊穣・天下泰平にご利益がある天女として奈良時代から信仰されています。

奈良・薬師寺でお正月におこなわれる修正会《しゅしょうえ》は、吉祥天を本尊とし罪を懺悔《さんげ》する吉祥悔過《きちじょうけか》の法要ですが、光明皇后を写したとされるこの本尊は、ご存じのように福々しく美しい女性の姿で描かれています。

同じくお正月に吉祥悔過法要をおこなう京都・浄瑠璃寺の法要の本尊も、美女の秘仏で有名な吉祥天で、極彩色の衣装に身を包んだ艶やかな木像です。

このように、日本では吉祥天といえば「美女」をイメージしますが、チベットではまったく様子が違っています。

チベットで吉祥天はペンデン・ハモといい、ゲルク派の初祖ツォンカパ（第3章73頁参照）やダライラマの守護尊（イダム）ですから、しばしば図像を目にすることもあるかも知れません。しかし、その姿はラバに乗った青黒い身体の、やせ衰えた鬼女のようで、日本とは違い、怨敵《おんてき》退散や戦勝祈願に効験ありとされる忿怒尊《ふんぬそん》です。

チベットには、「モ」と呼ばれるサイコロ占いがあるのですが、面白いことに、この本尊も吉祥天です。

この占断に長けた僧侶は、つね日頃から吉祥天に祈りを捧げ、「モ」をおこなった際にありありと吉祥天が目の前に現れるように修行を重ねるといいます。

このように占いの本尊にまでなっているのも、吉祥天の源流がインドのラクシュミーという女神で、この女神の「幸・不幸を司る」という性格が、時と場所を移しながら発展していったからかも知れません。

## 命を救った吉祥天

私がゲシェラーから聞いた吉祥天のエピソードは、生死の極限状況にまつわる、荒々しい忿怒尊と柔和な寂静尊《じゃくじょうそん》が綯《な》い交《ま》ぜになったものでした。それは次のような話です。

ゲシェラーの知り合いで吉祥天を守護尊とし、つね日頃から信心している女性がいたそうです。

彼女が、どうしても乗らなくてはならないネパール行きの飛行機に乗ったときのことです。その飛行機はネパールの森の上で、不安定な気流に巻き込まれ墜落してしまいました。

飛行機が落下する途中で破損した機体から投げ出された彼女は、もうダメかと思いつつも、一心にいつも信心している吉祥天にお祈りしていると、天に大きな女神の姿が現れ、両手を差し伸べて彼女を掬い取ったのだそうです。

大変な惨事でしたが、彼女は木に引っかかり、大きな怪我もなく助かったということでした。

未来を予知し、あゆむ道の喜ばしさや難しさを告げる「モ」に長けた僧侶には、吉祥天の姿がありありと見えるといいますから、同じくらい深く心を尽くし、身を尽くして吉祥天を信仰していたその女性には、天に浮かぶ天女の姿が見え、その加護の力も彼女の信心ゆえに、その身に届いたのかも知れません。

このようにチベットで吉祥天は、絶体絶命の危機から救うほどパワフルな力を持つと信じられているようです。

・『観音経』の平易な解説書に、私をチベットに導いて下さった恩師、金岡秀友（東洋大学名誉教授）の『念彼観音力』（太陽出版、2000）がある。師ならではの詳細な、しかも「落語のように面白い」と評判だった講義を髣髴《ほうふつ》させる馴染みやすい解説となっている。図版も豊富で美しく、付録には西国、坂東、秩父の観音霊場のご詠歌と本尊なども載り、眺めるだけでも楽しい。

・チベットの年代記『王統明示鏡』並びに『十一面千手千眼観音菩薩経』に現れる観音縁起は、『須弥山の仏教世界』〈新アジア仏教史　9巻　チベット〉（佼成出版社、2010、387〜388頁）に詳しく説かれているので参照されたい。同書は、最新のチベット情勢も踏まえながら、チベット史を網羅的に詳説している。

・チベットの仏・菩薩については『チベットの仏たち』（田中公明、方丈堂出版発行、オクターブ発売、2009）が詳しい。尊像の図版だけでなく印契や持物まで紹介されており、読みごたえがある。

## カーラチャクラ父母尊

観音菩薩の降り立ったマルポリの丘に建つポタラ宮は、白宮と赤宮の2つの空間から成っています。白宮は政治の場としての役割のほかダライラマの日常的な居住域でもありますが、赤宮は宗教空間であり中心には観音堂が配されています。さらに面白いのは、この赤宮が、「カーラチャクラ（時輪）・タントラ」という密教経典に基づいた立体マンダラとして建立されていることです。

カーラチャクラ・タントラは、外部世界と内部世界（マクロコスモスとミクロコスモス）の相関性を説く聖典ですが、この聖典をもとにしたマンダラは世界を包摂し、数あるマンダラの中でも最大規模のものになります。ここでいうマンダラとは、聖典が示す世界のありようを図やしるし（象徴）で示したものをさします。

ポタラ宮を造営したダライラマ5世と深い繋がりがあるとされているのが、現法王ダライラマ14世ですが、現法王には歴代のダライラマ方と大きく異なる点があります。それは、「カーラチャクラ・タントラ」の教えを広め、世界中で一度に何万もの聴衆に対してイニシエーション（灌頂《かんじょう》）を授けていることです。歴代のダライラマ方が一代で一度おこなったかどうかということの儀式を、1954年以来ほぼ毎年（時には年に数度）、世界のどこかでおこなっているのです。

ダライラマ5世

例えば2014年7月にラダックのレーでおこなわれたカーラチャクラ・イニシエーションは、地鎮祭や砂曼荼羅作成などの準備で3日、前行《ぜんぎょう》の法話に3日、カーラチャクラの伝法灌頂に4日、さらに行を成就させるための長寿祈願に1日、と少なくとも11日かけておこなわれました。実際はこの期間中に宗教舞踏なども披露されるため、期間はもっと延びます。ただ、満願成就の証として満月が昇るようにスケジュールが組まれているので、メインの儀式の最後の夜は満月の日に重なるはずです。

菩提心（悟りを願う心であり、悟りの心そのもの）の象徴である満月がヒマラヤの山々の上にぽっかり浮かび、澄んだ夜空に皓々《こうこう》と輝く姿を目にすれば誰でも、いつの日か得られる悟りを確約された感動に打ち震えることでしょう！

私はそうでした。

このように、自然を舞台装置に配した壮大な儀式ですから、それこそ「一世一代の」といっても良いような大仕事であることは推測できるでしょう。14世はそれを、自らの使命であるかのように世界の至るところに駆けつけ、おこなっているわけです。

カーラチャクラの立体マンダラであるポタラ宮に君臨していた歴代のダライラマとは違い、鎧のようなその法王宮から逃れざるを得なかった14世だからこそ、その身をそのまま生けるカーラチャクラ・マンダラに変え、世界中でその教えを授け、人びとの心の中に新たなカーラチャクラ・マンダラを一つひとつ建立しているのかもしれません。

## 灌頂は「力」

1996年、私もカーラチャクラ・イニシエーションに参加しました。

インドの山奥――ヒマチャル・プラデーシュにあるタボ寺というお寺の開創のミレニアム・イベントとして、ダライラマ法王によっておこなわれたものです。

それまでにも私は、数時間で終わるような灌頂をいくつか受けていたのですが、その折にゲシェラーはこうおっしゃったものです。

「灌頂は何か、わかりますか?」

灌頂というのは、もともとはインドの王が即位する際、四海の水を頭に注ぐ儀式にちなんだもので、仏教(密教)では、いずれ仏となるための仏縁を結ぶ儀式としておこなわれています。言わば、修行を始めるための入門儀式といったところでしょう。

私は、教科書通り、そう答えました。ところがゲシェラーは声を潜めてこうおっしゃいました。

「灌頂は、オン(dbang)です。力です」

通常、「ワン」と音写されるこのチベット語は、秘めやかに語られたゲシェラーの口からは「オン」に近い音に聞こえました。

「ワン」の日本語の意味は「力」ですから、ゲシェラーはごくあたりまえのことをおっしゃっていたわけですが、それが囁《ささや》き声であったのは、そこに深い意味がそなわっていたからでしょう。ゲシェラーは続けておっしゃいました。

「力ですから、授ける先生は善い先生でなくてはいけません」

灌頂を受けるには、必ず師を選びなさい。灌頂は授ける師匠の師資相承の流れに加わり、その「力」に預かるものだから、正しい教えを伝える師匠から授かりなさい、ということなのです。

チベット仏教ではことあるごとにラマ（師）の重要性を説きますが、同時に師を選ぶ大切さと、弟子としてのふさわしさ（資格）も繰り返し説いています。

## 密教の森、顕教の平野

ゲシェラーは、別のときにこうも教えて下さいました。

「密教は森です。顕教は平野ですけれども」

密教というのは、秘密の教えのことで、カーラチャクラ・タントラもこれに含まれます。一方、顕教は誰にでも話し伝えることのできる仏の教えをさします。前に述べた『観音経』がこちらに相当します。

そのことと、森や平野がどう関わるのかわからず、

——どういう意味ですか?

と私が問うと、

「平野は見晴らしも良いし、迷うことなくひとりでも歩けます。でも森は、何がいるかわかりません。地図とガイドが必要です」

密教の森を歩く修行者にとって、地図が経典で、森を熟知し地図を読み解いて安全な道を示し目的地まで誘《いざな》ってくれるガイドが、ほかならぬ師匠である、という意味だったのです。

だからこそゲシェラーは（チベットの高僧たちは）、師匠選びの大切さを説くのでしょう。師匠が邪《よこしま》であれば、森で迷い目的地に辿り着けないだけでなく、道の途中で命を落としてしまう怖れもあるからです。

途中でリタイアしてもまた生まれ変われば良い、などとチベット人は考えません。「人身得難《にんじんえがた》し」と経典（『華厳経《けごんぎょう》』「入法界品《にゅうほっかいぼん》」）が説くように、修行のできる環境に人間として生まれて来るのはきわめて稀だと考えているからです。

しかも密教は、「ゆく末は地獄か仏か」といわれるほど過酷で、正しく行じなければ地獄が待っていると伝えられる困難な道なのです。少なくともチベット人は、そのように密教を理解しています。ですから、先にも述べたように、森を歩くにはガイドである師匠だけでなく、旅人の弟子にも資格が要ります。

弟子は灌頂によって、師匠から悟りに至る「力」の「種」を授かるようなものですが、それを大きく育て、大輪の蓮華を輪廻の泥土から見事に花開かせるのは、弟子自身にほかならないからです。

通常は、準備段階の修行をし、灌頂を受け、やっとメインの修行に入りますが、灌頂を受けるまでの段階で途方もない難行（十万回の五体投地など）が課せられます。これらの難行は、実は後にひかえた本行のための土台作りで、心身ともに壮健に整える準備なのですが、やり遂げる強い意志がなくてはとてもおこなえません。

逆に言えば、それほど堅固な意志と強靭な身体をそなえていないと、本行を成し遂げられないということでしょう。

ところが、「カーラチャクラ・タントラ」だけは、密教の中でも珍しく弟子に制限を設けていません。だからこそ、現法王は世界中でこのイニシエーションをおこなっているのでしょう。

## シャンバラとカーラチャクラ・タントラ

ダライラマ14世によれば、他の密教の教えが個人から個人へ（師匠から弟子へ）受け継がれて来たものであるのに対し、「カーラチャクラ・タントラ」の教えはシャンバラという目に見えない聖地と、そこに住む人びとに関わっています。つまり、シャンバラの王に記録され、シャンバラの住人たちに受け継がれ維持されているものだということです。

ダライラマは次のように語っています。

「このカーラチャクラのイニシエーションを受けたものは、完全に目覚めたものではなかったとしても、この儀礼を通じてシャンバラとの関係が生まれ、未来にシャンバラが私たちの世界と交流するときに、ある種の効果を生むことになるのです」（47頁コラム参照）

では、シャンバラとはどのような国なのでしょうか？

それは、業《ごう》（おこない）と徳の力が熟した人だけが、見たり訪れたりすることのできる聖地だといわれています。カーラチャクラ・タントラでは、代々の王は仏教の菩薩たちの化身であり、カースト（インドの身分差別）のない理想郷として描かれています。

ダライラマもゲシェラーも、「いつか科学が発達したらロケットで行くことができるかも知れない……」と語っていたことがありましたから、チベット人高僧の感覚の中では地球上の聖地というより、

「宇宙のどこかにある場所」なのかも知れません。未来の誰かがその地に辿り着けるとき、彼が肉体をどのようにともなっているかは定かではありませんが。

というのも、カーラチャクラ・タントラは「無上ヨーガ・タントラ」という体内の「風」を統御する生理学的な修行をともなうものだからです。（第4章参照）

チベットでは、タントラ（密教）は経典の成立時期や内容によって4つに分類されています。4つとは、印や真言のほか儀式の作法を細かく規定するクリヤー（所作《しょさ》）・タントラ、所作と観想を併せて説くチャルヤー（行）・タントラ、観想にウェイトをおいたヨーガ（瑜伽《ゆが》）・タントラ、生理学的な修行法も加わる無上ヨーガ・タントラです。例えば、真言宗が所依《しょえ》の経典とする『大日経』は行タントラに、『初会《しょえ》　金剛頂経』はヨーガ・タントラに分類されています。

無上ヨーガ・タントラはさらに、修行法の区別によって父タントラ、母タントラ、不二《ふに》タントラの3つに分けられますが、カーラチャクラ・タントラは、父・母を合わせて止揚した不二タントラに相当します。

カーラチャクラの灌頂が世界の（宇宙の）あらゆる人（生きもの）に開かれたものだとしても、それを授かったのちは、このタントラを学びながら体内の「風」をコントロールする修行もおこなっていかなくてはなりません。つまり、カーラチャクラと縁を結ぶということは、誰でも入れるけれど出口に辿り着くのは難しい豊かな森に足を踏み入れたことに等しいのです。

しかしこの森を、現法王が多くの人に開いたということは、シャンバラと交流するかも知れない日のために、正しい地図とガイドに従い、心身を整えて森の果ての理想郷に向かってみんなであゆめるということでもあるのです。

## 父母尊

通常、日本でよく見かける仏・菩薩像は十一面千手千眼観音像のようにやや異形であっても、本体は一尊(一体)です。ところが、日本に伝わらなかった後期密教では、男尊と女尊が抱き合った姿で描かれます。

密教ですから、信仰対象としての父母尊は本来なら決して公にするものではありませんが、今では美術館や博物館などで目にすることもあるでしょう。

カーラチャクラの本尊もまた、このような父母尊です。

チベットでは、単体の尊格より父母尊の方が力が強いとされていますが、父母尊を本尊とするのは、先程も述べたように後期密教経典ですから、修行法もヴィヴィッドな観想や生理学的な身体技法を必要とします。

タボ寺（スピティ）：裏山の瞑想窟付近から見たタボ寺全景。著者撮影

カーラチャクラでいうなら、その儀式と修行は「密教の胎生学」をトレースしたもので、カーラチャクラ・マンダラの中央に、宇宙のすべてをそなえ体現した父母尊として立ち、自らを仏子として新たに生み出す宇宙的規模の再生の儀式といえます。

ですから、尊像の姿だけを見て「男女合体像」と言わないで下さい。それでは、尊像が象徴する真の意味がまったく見えなくなってしまいます。あれらの像は、間違いなく新たな聖なる命を生み出す聖なる「父母尊」なのです。

・「カーラチャクラ・タントラ」の解説書としては、『超密教・時輪タントラ』（田中公明、東方出版、1994）がある。シャンバラの解説やカーラチャクラに至るまでの各密教経典における灌頂の展開が詳細に説かれる。

・ダライラマ14世がカーラチャクラの灌頂を授けたときの講演録を邦訳した『ダライラマの密教入門』（石濱裕美子、光文社、1995）は、カーラチャクラの灌頂に臨む際には大いに役立つ。ちなみに、本稿でカーラチャクラ・タントラとシャンバラに関して記述した部分は、前掲書（4頁）から引用している。また、ポタラ宮とカーラチャクラ・マンダラの関係は、石濱裕美子「ポタラ赤宮の構造とその二つの機能について」『日本西蔵学会々報』第49号（日本西蔵学会、2003）を参照されたい。

# 第2章　四面大日とア字観

## 四面四体の大日如来

第1章で登場したヒマチャル・プラデーシュのタボ寺は、今でこそインド領ですが、寺のあるタボ村は現在もなおチベット系住民の住むチベット文化圏であり、寺の創建者は翻訳者として有名なリンチェン・サンポ（958〜1055）という僧侶です。

興味深いことにこの寺には大日堂という御堂があり、その本尊が四面四体（4つの顔に4つの体――背中合わせの4人の人が外向きに座っている形）の大日如来（全智毘盧遮那如来《ぜんちびるしゃなにょらい》）なのです。

大日如来というのは、真言宗の所依の経典である『大日経』の本尊で「大毘盧遮那（マハーヴァイローチャナ）」のことですが、日本で目にする姿は頭も体もひとつの一尊の形を取っています。

実は、観音信仰が流布する以前のチベットでは、大日如来が広く信仰されていたのですが、尊像の元になった経典が『大日経』ではなく、『一切悪趣清浄儀軌《いっさいあくしゅしょうじょうぎき》』などのような密教経典であったため、その姿も日本で目にするものとは異なるわけです。

『一切悪趣清浄儀軌』というのは、悪趣（地獄、餓鬼、畜生などの苦しみが多い境遇）に生まれ変わることを阻止し、おかした罪を浄めるのに大いなる力を発揮するとされる経典で、チベットでは葬送儀礼に用いることが多く、そのため四面四体の大日如来像も近年まで多く作られていたようです。

タボ寺の大日堂に鎮座するのは人よりひとまわり大きい四面四体の塑像《そぞう》ですが、隣接するドムトン堂という御堂の北側壁画にも緑ターラーの隣に、三面一体に描かれた（四面四体が平面画になったせいでしょう）全智毘盧遮那如来がありました。この地方でこの尊像が深く信仰されていたことを感じさせます。

## ア（ཨ）字観

現在のチベットで、『大日経』や大日如来が広く流布しているとはとてもいえません。

しかし、私のもうひとりの師であるナムカイ・ノルブ・リンポチェは、『大日経』も、そこに説かれる「ア字観」といわれる観法もとても大切にしています。むしろ、修行の基本に据えているといっても良いかもしれません。

ナムカイ・ノルブ・リンポチェは東チベットで生まれ、サキャ派（第3章67頁参照）で学僧として学んだ後、故国の非常事態にともない縁あってイタリアに亡命。長らくナポリ大学東洋研究所で教鞭を執っていましたが、現在は世界各地でゾクチェン（章末コラム参照）という教えの体系を説いています。

リンポチェの教えの中に、「夜の修行」というものがあります。

夜の修行は夢と関わり、夢の中で「夢を見ている」ことを自覚できるようにし、その夢の中でも修行する、というものです。すべては幻であることを夢を通じて自覚することが、すべてが実在だと信じている意識にとって、覚醒への第一歩になるからです。

この「夜の修行」は、白いア（ཨ）字とそれを取り囲む五色《ごしき》の光の円輪（ティクレ）を心臓のチャクラまたは額《ひたい》に観想するものです。
『大日経』にもとづく日本の真言宗の阿字観は、月輪《がちりん》に描かれた蓮華に悉曇《しったん》文字（古代インド語であるサンスクリット語の字体のひとつ）の阿字を観想するものですが、慣れてくればこの阿字を心臓の上に置いて行ずるようです。

このように、リンポチェの伝えるゾクチェンの「夜の修行」の中心的な観想と、阿字観は大変よく似ているわけですが、第1章で述べたように行タントラに属する『大日経』は、ゾクチェンに結びつけられるヨーガ体系の萌芽的修行法を含んでいると考えられています。その一例が菩提心を象徴する種字《しゅじ》（ཨ）や三摩耶形《さまやぎょう》（象徴するもの。菩提心＝月輪）、本尊を宇宙大にまで拡大・増殖させた広観と呼ばれる観法や、逆に空無に向かって収斂させる斂観《れんかん》の存在です。*

後期密教になると、さらに煩瑣《はんさ》な決まり事や複雑な身体技法が説かれるようになります。そういった修行法に較べるとシンプルなチベットのア字観ですが、ゾクチェンでも現代に至るまで基礎的な修行法として連綿と伝えられおこなわれており、この土台なしには何もなし得ないといえるほどです。

『大日経』から阿字観を観法として確立させた人びとも、ゾクチェンの系譜の中でア字を修行法の根本に据えた人びとも、時代や国が違ったとしても宗教的天才が本質を捉える感性は同じだということでしょう。

＊『チベット密教の瞑想法』（ナムカイ・ノルブ著、永沢哲訳、法蔵館、２０００、２２６頁）参照。

ゾクチェン（大究竟《だいくきょう》、大いなる成就）とは、おもにチベット仏教ニンマ派（第3章55頁参照）とチベット古来のポン教に伝わる教え。ポン教はしばしば日本の神道や修験道になぞらえられる。ナムカイ・ノルブ・リンポチェはポン教にも造詣が深く、その著作や講話でしばしばポン教に触れている。

本文で参照した永沢哲（京都文教大学准教授）訳『チベット密教の瞑想法』は、ゾクチェンの教えを本格的に学びたい人にとっては最適のテキストになるはずである。

ただし、同書でリンポチェもおっしゃっているように、本格的にゾクチェンの修行をしたい場合には、正統な系譜に連なる師匠から伝授を受けなければ効果がない。ぜひ、実際にチベット人の正しい師匠に接し、教えを受けることをお勧めする。

四面四体の大日如来：タボ寺（スピティ）、ドムトン堂、北壁画。著者撮影

# 第3章

# チベット四大宗派とその教え

チベットでは、仏教は大きく四大宗派に分けられ、それぞれが様々な修行法を伝えています。宗派の成立や特徴を、成立年代順にご紹介しましょう。

## あるがままに——ニンマ派

「ニンマ」というのは、「古い」という意味のチベット語です。消長はありましたが、チベット古代王朝時代から、現代まで続いている宗派です。

チベットの仏教公伝は7世紀中頃といわれていますが、チベット仏教史のエポック・メイキングは、

8世紀（755）に即位したティソンデツェン王の仏教帰依と、インド僧シャーンタラクシタ（?～787頃）の招請でしょう。

当時のインドで名高いナーランダー大僧院から高僧を招き、チベット最古の仏教僧院（サムイェー寺）を建立し、「試みの6人（もしくは7人）」と呼ばれるチベット人子弟に受戒させたことで、チベットにおいて仏教は国教とみなされました。

日本でも752年に東大寺の毘盧遮那大仏の開眼供養がおこなわれていますから、その頃のアジアは仏教が各地に根を下ろし、豊かな文化の萌え出づる時代だったのかも知れません。

サムイェー寺は一時期荒廃していましたが、今は復興され訪れることができます。

実は、この寺の創建にはもうひとりの人物が関わっており、彼はニンマ派のみならず、後のチベット密教やゾクチェンに多大な影響を与えることになります。

その人物の名は、パドマサンバヴァ（チベット語でペマジュンネー）。現在もなお、「グル・リンポチェ」と呼ばれ、宗派を問わずチベット人に愛され尊敬されている聖者です。

当初、サムイェー寺は建設のたびに崩れ、なかなか完成しませんでした。そこで、ウッディヤーナ（伝説上の密教の聖地。現在のパキスタン・スワート渓谷もしくはフンザあたりにあったと伝えられる）からチベットに招かれたパドマサンバヴァが、サムイェーの地鎮を行い、無事に落慶までこ

パドマサンバヴァ（グル・リンポチェ）

ぎつけたといわれています。

パドマサンバヴァは、ちょうど日本の弘法大師空海のように広く人びとに親しまれており、各地に聖者にちなんだ伝説が語り伝えられています。

ニンマ派は、「カダク」（本来清浄《ほんらいしょうじょう》＝私たちの本質はもともとの始まりから清らか）、「フンドゥプ」（任運成就《にんぬんじょうじゅ》＝あるがままの状態で完成している）を説き、これをありありと体験するためのゾクチェン（第2章53頁コラム参照）や密教の修行法が巧緻に組み立てられています。

## リ・メー——無宗派運動

19世紀後半になると、リ・メーと呼ばれる運動が起きました。「無宗派」と訳されますが「超宗派」の意味で、宗派にとらわれず互いに協力して学び合い、教えの伝承を保存することをめざしていました。

長い歴史の中で、チベットにおいても宗派間の覇権争いは起こり、教えの優劣に関する争いも引き起こされたわけですが、その状況を憂えた高僧方——ジャムヤン・ケンツェー・ワンポ（1820～92）、ジャムグン・コントゥル・ロドゥ・タイエー（1813～99）、チョクギュル・デチェン・リンパ（1829～1901）といった、当時の名高い宗教的指導者たちが唱え始めたものです。この運動の中で、ゾクチェンの教えが他の宗派に共有され、それぞれの派の中で、修行の重要なパートをになない、学ばれるようになりました。

この精神は現在も生き続け、ダライラマ14世も率先して各宗派の高僧方から教えを学び、ニンマ派の伝えるゾクチェンに関する著作もあるほどです。*

*『ダライラマ　ゾクチェン入門』（ダライラマ14世テンジン・ギャツォ著、宮坂宥洪訳、春秋社、2008）参照。

## 激しい師弟愛——カギュー派

カギュー派の師資相承のエピソードは、チベットではしばしば師匠に対する絶対的な信頼の喩えとして用いられます。

初祖はマルパ（1012頃～97）ですが、彼が選んだインド人師匠ナーローパ（1016～1100）には、次のような話があります。

## 学者と乞食

ナーローパは長い忍従の果てに、その師匠のティローパ（988〜1069）から履物で頭を殴られ、一瞬にして深い教えを伝授されたという話が伝わっています。

なんと乱暴な！　と思うかもしれません。しかし、これにも理由があります。

ナーローパはもとはインドのヴィクラマシーラ僧院という学問寺で、「六賢門」と呼ばれる6人の勝《すぐ》れた学者のひとりとして北門守護をしていました。

その彼がある日、夢で彼の守護尊であるターラー菩薩のお告げを聞き、すべての地位をかなぐり捨て、真の師匠を求めて旅立ちました。一説には、ダーキニー（もとは人の心臓を食らう鬼女。密教では修行者を導く女尊）が現れたとも伝えられています。

やっと出会えたティローパは乞食で、そのとき魚を焼いて食べていました。しかし食べ終えた骨を水に放つと、魚が蘇り泳ぎ始めたといいます。ティローパは、自らの姿にも境遇にも生きものの生死にも、何もとらわれることのない聖者でした。

生死を超えた境地を得て、それを他の人にもありありと示すことができる者だからこそ、「履物で弟子の頭を殴る」というような一見乱暴な行為にも、師弟の特別な繋がりにもとづく深い意味があるとわかるのです。

ティローパの教えをそっくり託されたナーローパから、マルパは「ナーローの六法」と呼ばれる教えを伝授されます。「ナーローの六法」とは、体内の火（トゥンモ）を立ちのぼらせる行法、「夢」の修行、「幻身」、「光明」の顕現、心を浄土へ（あるいは、より高い状態へ）と移す「ポワ」などですが、これらの行はカギューだけでなく他の宗派にも取り入れられ、日常の修行のみならず臨終時の行法として、今もなお行じられています。

## ナーローパの予言――詩聖ミラレーパ

リ・メーについてはニンマ派の項で述べましたが、ダライラマ14世を篤く信頼していたゲシェラーもこの宗教運動の実践者で、ゲルク派の学者でしたがカギュー派の師匠たちの話をして下さいました。ゲシェラーは、特にミラレーパ（１０５２～１１３５）のエピソードがお気に入りのようでした。マルパの弟子のミラレーパは、自らの境地を美しい詩（『十万歌《グルブム》』）にして詠み上げた宗教詩人として知られています。

ゲシェラーが教えて下さり、私が今も毎日、ミラレーパの図像に唱えている詩があります。それはナーローパがマルパに対し、

「将来、あなたのもとにこんな弟子が現れるだろう」

と予言した詩です。（CD収録）

チャンチョー・ムンペー・マールムナ（北方、闇に閉ざされた昏《くら》い地の）
カンラ・ニマ・シャルダワーイ（雪山に太陽が昇るような）
トゥーパガー・シェチャワ・イ（トゥーパガーと言われる）
キープ・デラ・チャクツェーロー（その方に敬礼《きょうらい》いたします）

〈北方にある、教えの未だ届かない暗闇の地——雪山の国チベットに、太陽が昇るようなトゥーパガー（ミラレーパの本名）と呼ばれる方が生まれる。その方に敬礼いたします。〉

という意味ですが、日本語同様に敬語を持つチベットですから、ゲシェラーはナーローパが孫弟子のミラレーパを歌うのに「その方」と尊敬を込めて日本語でおっしゃり、続けて指を揃えて手招きするように折り曲げ、楽しそうに笑いました。

「このとき、まわりの植物も北の方に向かってお辞儀をしたそうです」

折り曲げた指の向こうに、雪山に昇る太陽に向かって頭を垂れる草花が、見えた気がしました。

師資相承の系譜を物語り、弟子の修行の成就と孫弟子の成就すら確約するこの予言詩に、私は感銘を受けたものでした。

「トゥーパガー」というのは、「聞けば喜ぶ」という意味ですが、この名前の由来については「歌がうまく声が美しいので、それを聞くと喜ぶ」から、などと諸説あります。

ゲシェラーが私に教えて下さったのは、彼が生まれたとき、それを聞いたお父さんが嬉しくて、「聞いて嬉しいぞ！（トゥーパガー）」と叫んだからだそうです。

ミラレーパは、早くに父を亡くし親族に家財を奪われるなどの大変な苦しみを味わったため、母に言われるまま黒魔術を学んで恨みを晴らした……という過酷な前半生が語り伝えられていますが、ゲシェラーから聞かされたエピソードは、この父子の数少ない幸せな——父が彼の誕生を心から喜んだということを伝える貴重なものでした。

## ミラレーパの弟子たち①——妻を亡くした医者

彼にはふたりの高弟がおり、そのひとりのタクポ・ハジェ（別名ガンポパ。１０７９〜１１５３）はもともと医者でした。

彼は早くに妻を亡くし、医者でありながらどうにも助けられなかった後悔や苦しみから逃れるため、出家したそうです。最初は顕教を学んでいましたが、ミラレーパと出会い、弟子になります。

1999年の暮れにヒマラヤを越えてインドに亡命した14歳の少年がいたことを覚えている方もおられるでしょう。その少年──カルマパ17世（1985〜）に至るカルマ派（カルマ・カギュー派）などのカギュー諸派は、このタクポ・ハジェの弟子の系統から出たものです。

また、後のゲルク派のダライラマに代表されるような輪廻転生《りんねてんしょう》の制度は、このカルマ派に起源があり、タクポ・ハジェの弟子のカルマ・トゥースム・ケンパ（1110〜93）の「生まれ変わり」といわれたカルマ・パクシ（1204〜83）がカルマ派2世となり、遡ってカルマ・トゥースム・ケンパを1世としたことから始まりました。

## ミラレーパの弟子たち②──妻から逃げた美男子

高弟たちとともに描かれたミラレーパの図像には、向かって右下に女性のように美しい人物が描かれています。彼が、ミラレーパのもうひとりの弟子であるレーチュンパ（1083〜1161）です。

幼い頃からミラレーパについて修行をしていたため、彼は世俗を知りませんでした。しかし、実は、彼は結婚したことがあるそうです。これもゲシェラーから聞いた話です。

レーチュンパは一時期、ミラレーパのもとから離れて暮らしたことがありました。彼が街に行ったとき、ある女性に大変気に入られ、ついに結婚することになったのですが、彼はやはり世俗生活には馴染みません。

ある日、妻はついに怒りを爆発させ、「出て行きなさい!」と叫びながらスープの入った台所の鍋をぶちまけました。鍋の具がヒューと宙を飛び、繋がった野菜がレーチュンパの首に掛かります。

胸に垂れる野菜をしげしげと見たレーチュンパは、

「こんな首飾りは初めてだ!」

と言って、ミラレーパのもとに帰ることにしました。

怒鳴られたあげく、頭から水を掛けられても、「雷のあとは雨がつきもの」と平然と言ったというソクラテスと「悪妻」クサンチッペのエピソードを連想させますが、妻の怒りを認識している哲学者ソクラテスに対し、どうやら修行者レーチュンパは状況を全く理解していないような気がします。

ミラレーパが亡くなるとき、彼はレーチュンパに、自分がずっと使っていた「黒いアガルの杖」を遺品として残しました。黒いアガルとは黒沈香のことで、チベット医学では心臓や血管の病気に効くとされています。

ミラレーパ：個人所蔵

「瞑想の支えとなるだろうから」とミラレーパは言ったそうです。

レーチュンパは、師の見立て通り瞑想に長けた修行者として多くの弟子を育てましたが、一派を形成することはなく、師と同じように岩窟の修行者として過ごしました。

このように、カギュー派の初期の相承系譜には、様々な境遇の人びとが連なっています。彼らは、生きることの意味を問い、その苦しみから逃れるために仏教に救いを求め、過激とも思える心身の長い陶冶の果てに悟りを得、揺るぎない心の平安を得ていきました。

## 元朝の帝師――サキャ派

古代王朝期に起源を持つ名家のクン氏出身のクンチョクギェルポ（1034～1102）を祖師と仰ぐサキャ派は、代々おじ――甥《おい》相続によって教えを継承してきました。

サキャ派が大躍進を遂げたのは、クンチョクギェルポのひ孫のサキャ・パンディタ（1182～1251）の時代です。

サキャ・パンディタは、チンギス・ハンの孫に当たるゴダンの招請を受けモンゴルに向かいますが、このとき同行したのが甥のロドーギェルツェン（のちの帝師パクパ。1235～80）とその弟のチャクナです。ロドーギェルツェンは当時9歳でした。

サキャ・パンディタはモンゴルで布教に努め、彼亡きあと、衣鉢を継いだロドーギェルツェンがチンギス・ハンの孫のフビライのもとで帝師となります。

フビライが元朝を建ててからは、命によりパクパ（パスパ）文字の制定をおこない、さらにフビライほか皇族に密教の灌頂を授けるなど、元朝とチベットとの間にチュー・ユン（僧と施主、法施《ほうせ》と財施）関係を固く築いていきました。

このチュー・ユンの関係は、宗派と王朝を変えながらも（例えばカルマ派と明朝、ゲルク派と清朝）、この後およそ600年続きます。チベットと中国歴代王朝の、お互いを侵さず補い合い尊重し合う関係の基礎は、このサキャ派から始まったのです。

## 修行の中に仏果あり

サキャ派は精緻な顕教の教理や論理学だけでなく、密教の修行法にも優れ、多くの学者たちを輩出しています。ゲルク派の宗祖ツォンカパも、その高弟のタルマ・リンチェンも（次項「ゲルク派」

参照）、サキャ派で学んだ学僧でした。派祖やあまたの高僧たちを生み出した宗派という意味では、日本の鎌倉仏教の宗祖たち――法然、栄西、親鸞、道元、日蓮などが学んだ天台宗に似ているかも知れません。

サキャ派の特徴的な教えは「道果説《どうかせつ》」といわれ、悟りに到る修行道の中にすでに仏という結果（仏果）が内包されている、と説きます。

実践の例でいえば、ターラーの修行をするとき、ターラー菩薩という本尊と一体になる、つまり「自分はターラー菩薩だ」という観想を深めることを本尊ヨーガといいますが、この修行そのものがターラーへの道であり、「ターラーになる」という結果を実現していることにもなるわけです。

「道の中に果がある」とは、それほど真摯に本尊を求め、本尊と一体になり、本尊であることを身に享《う》ける――本尊とともに、本尊のままに生きるほど深い修行を自らに課していく、ということでしょう。

サキャ派は、魔に対して威力を発揮するプルパ（金剛橛《こんごうけつ》）や罪障浄化に効験あらたかな金剛薩埵を本尊とするヨーガに長け、また父母尊を本尊とする修行ではヘーヴァジュラ（呼金剛《ここんごう》）・タントラを重視します。

ヘーヴァジュラ系のタントラは女尊だけの修行も多く、カギュー派やゲルク派ではヘーヴァジュラ・タントラそのものも母タントラに分類しますが、サキャ派では、カーラチャクラ・タントラと同様のレベルで本尊ヨーガや体内の「風」の統御をおこなうため、父・母を止揚した不二タントラに分類しています。これも、この派の特徴といえるでしょう。

## ゲルク派・ダライラマは、サキャ派・パクパの転生者⁉

16世紀のゲルク派の転生僧（高僧の生まれ変わり）ソナム・ギャツォ（1543～88）は、フビライの子孫とされるアルタン・ハーン（1507～82）の招きを受けたとき、「自分の前世はパクパであり、アルタンの前世はフビライである」と告げました。*

病気平癒にも法力を発揮したソナム・ギャツォに心酔したアルタンは、彼に帰依し、いくつかの称号を贈りました。

そのうちのひとつ、チベット語名「ギャツォ（海）」のモンゴル語訳である「ダライ」の称号に、師匠を表す「ラマ」を付した「ダライラマ」の名称が、彼以後の転生者の尊称となったのです。

本来なら、ソナム・ギャツォがダライラマ1世となるべきところですが、彼に至るふたりの前世僧にも「ダライラマ」を追贈したため、ソナム・ギャツォはダライラマ3世と呼ばれることになりました。

ソナム・ギャツォ（ダライラマ３世）

世界的に有名な「ダライラマ」の呼称ですが、チベット人は「ダライラマ」より「ギャルワ・リンポチェ（貴い宝の法王様）」と呼ぶことが多いようです。

*『須弥山の仏教世界』〈新アジア仏教史　9巻　チベット〉（佼正出版社、2010、69頁）参照。

四大宗派には入っていないが、シチェー派も欠かすことができない。

シチェー派の祖マチクラプドゥン（1055～1143）は代表的な女性修行者で、各派の修行法に大きな影響を与え、現在もおこなわれている「チュー」（断境）という行法を伝えた。

これは、自分自身を観想の中で切り刻み供物として、これまで自分が殺してしまった（食べてきた）生きものや、知らず知らずのうちに傷つけてしまったものたちに捧げる、という修行法である。

グロテスクな印象を受けるかも知れないが、自分自身に必要以上に執着する心（我執）の強さを自覚し、それを完全に断つための方法として、宗派を問わず、準備的修行の中でおこなわれている。

本来は、墓場や荒れ野などの寂しい場所で行じられ、最終的に「断ち切るべき対象も、断ち切ろうとする主体もなにもない」というありありとした境地を得ていくものである。

チューの修行法や、前項カギュー派の師匠たちのエピソードに関しては、『改稿　虹の階梯』（中沢新一／ラマ・ケツン・サンポ著、中公文庫、中央公論社、1993）を参照されたい。

## 文殊菩薩のお告げ――ゲルク派

ダライラマを法主に戴くゲルク派は、成立が一番新しく、初祖ツォンカパ（1357〜1419）はカルマ派で受戒、密教の修行もし、おもにサキャ派で顕教を学びました。

ゲルク派は現在でも仏教の戒を正しく守り、厳格な僧院生活を送っていますし、密教を学びたくても、正式には顕教を学び終えたあとにしか許されていませんから、密教学堂は日本でいえば大学院に相当するかもしれません。

みずからは早くから密教を学び始めながら、なぜツォンカパは、弟子たちになかなか密教を許さなかったのでしょうか？

それは、ゲルク派の立宗とツォンカパの人柄に理由があるように思います。

ツォンカパの時代には、顕教を学ぶものは密教を蔑むし、密教行者は戒も守らず乱れた生活をするものも現れたらしく、ツォンカパはその風潮を改めるべく、厳しい僧院生活を始めました。

彼の人柄をあらわすものとして、高弟のタルマ・リンチェン（1364〜1432）にまつわるエピソードがあります。

これもゲシェラーから聞いた話です。

## 徳にうたれる

タルマ・リンチェンはもともと議論が得意なサキャ派の学僧でしたから、ツォンカパの名声を耳にしても、彼のことをよく思っていなかったそうです。

ツォンカパが論理的な仏教理解に長けているという話をさかんに聞くものだから、

「だったらひとつ聴いてやろうじゃないか」

と挑むような気持ちで、ツォンカパの法話を聴きに出かけました。おかしなことを言い始めたらすぐにやりこめてやろうと考えていたわけです。

ところが——。

慈悲（人や生きものを想う熱い心）や、信（仏教を実践するひたむきな情熱）が滲み出る彼の話を聴くうちに、タルマ・リンチェンは涙を流していたのです。

「徳に打たれました」

（ゲシェラーは、自分がツォンカパの話を間近に聴聞したタルマ・リンチェンであるかのように、そうおっしゃいました。）

以来、タルマ・リンチェンは謙虚な片腕として、ツォンカパの僧団を支え、多くの著作やツォンカパの講義録を残すことになりました。

批判的な学僧が高弟に変わる、廻心《えしん》ともいえる心の大転換の理由が「論理の明晰さ」よりも「徳」であるということを思うと、ゲルク派が——ツォンカパが最も大切にした仏教の教えの心髄が窺《うかが》えるように思います。

しかし、論理的な仏教理解はとても大切です。密教は、壮大なマンダラの観想や特殊な身体技法を用いるヨーガですから、きちんと自分でものごとを考え、自分の身に起こっていることが何であるのか判断できる能力を養ったうえでおこなわないと、心身をそこなうことになりかねません。

ゲルク派がまず顕教を尊ぶのは、祖師ツォンカパがあとに続く弟子たちの心身を案じ、危険のないように配慮して組んだカリキュラムだからなのではないかと、ゲシェラーを思うたびに感じます。

## 秘密の伝記

ツォンカパの二大弟子のもうひとりの雄が、ツォンカパが体験した神秘的なヴィジョンを記した『秘密の伝記』の著者、ケートゥプジェ（1385～1438）です。

彼は顕教の優れた論書を著すかたわら、密教の業績も多く、『カーラチャクラ・タントラ』に関する大部の註釈や解説書を残しています。

『秘密の伝記』によれば、ツォンカパは、智慧の菩薩である文殊菩薩のヴィジョンが見えるだけでなく、会話もできるラマ・ウマパという僧と出会い、ラマ・ウマパの口を通して様々な疑問の答えを得ていきました。

やがてラマ・ウマパの力を借りなくても、ツォンカパ自身が文殊菩薩と交信し、仏教における思想上の難問を解いていったようです。*

*『聖ツォンカパ伝』（石濱裕美子・福田洋一著、大東出版社、2008）参照。

## 内なる菩薩に敬礼

ツォンカパの師匠のひとりに、大輪金剛手尊の修行法に通じた高僧ナムカーギェルツェンがいます。師匠といいましたが、ナムカーギェルツェンもまたツォンカパから教えを受けた「弟子」でもあります。というのも、チベットでは自分が究めたものに関して互いに教え、学び合う伝統があるからです。

ゲシェラーから、ふたりにまつわる次のようなエピソードも聞きました。

ナムカーギェルツェンとツォンカパが出会ったとき、ツォンカパはナムカーギェルツェンが金剛手菩薩に見え、一方、ナムカーギェルツェンの方はツォンカパに文殊菩薩を見ました。

そして、お互い見えたその姿に敬礼したのでした。

金剛手菩薩というのは、教化しがたい荒ぶるものたちを教化する強い力をそなえた菩薩で、ゲルク派ではこの「力」の金剛手、「悲（共感）」の観音、「智慧」の文殊の三菩薩を「三部の護法尊（リクスム・ゴンポ）」として信仰しています。

どこか遠い外から救いに現れる存在だけが菩薩なのではなく、その人をその時代のその場所に在らしめる本質のようなものもまた菩薩なのだとしたら、心の眼の開いたもの同士には、お互いの真の姿が——菩薩として輪廻にとどまる姿が、見えるのかもしれません。

人と出会うとき、その人の内に輝く真の姿が見えたのなら、その内なる姿に心からの尊敬を込めて挨拶できるかもしれない。人との出会いには、そんな気持ちで臨みたいものだと、この話を聞いたときに感じました。

ツォンカパとナムカーギェルツェンのエピソードは、ツォンカパの事跡を描いたタンカ（チベット仏画）にも記されている（石濱・福田、前掲書、262〜263頁参照）。そこでは、忿怒形（教化し難いものを叱って救う姿）を表す青黒い体をした金剛手菩薩と、黄色に輝く文殊菩薩が出会う様子が描かれている。

ツォンカパも文殊と交信していたが、ナムカーギェルツェンもまた、金剛手にツォンカパとの出会いを夢告されていたという。

## 夢の力

ゲシェラーから聞いたお話の中には、ツォンカパが見た不思議な夢の話もありました。常に仏教のことや、教えの心髄である「空性《くうしょう》」（ものごとには実体はないというありよう）について考察しているツォンカパでしたが、どうしてもわからないことがあったそうです。

そんなある日、夢を見ました――。

そこでは、中観《ちゅうがん》思想（空の教え）を説いたインドの偉大な学者たち――ナーガールジュナ（龍樹、150～250?）、ブッダパーリタ（仏護、470～540?）、チャンドラキールティ（月称、7世紀）といった名だたる高僧たちが、空性に関して議論をしていました。

「空」は大乗仏教の根幹をなす思想で、ナーガールジュナによって大成されたものです。彼の著作『中論』は、そのままでは理解することが難しいため、後代いくつもの註釈書が作られました。ブッダパーリタやチャンドラキールティは、『中論』の代表的な註釈者です。

仏教思想史上のヒーローたちの議論の現場を目の当たりにしたツォンカパが、興奮しながらその様子を見守っておりますと、彼らがツォンカパの存在に気づき、振り返りました。

そのうちのひとりのブッダパーリタがすっとツォンカパに近づき、自分の書いた『中論』の注釈書を開いて、ツォンカパの頭の上に載せました。

そこで目覚めて、急いで、現実に自分の持っているブッダパーリタの注釈書を手に取り、その箇所を読むと、中観思想のわからなかった部分もすべて明らかになった、ということです。

夢からヒントを得る話は、古今東西で伝えられています。

19世紀の有機化学者ケクレは、夢の中に現れた尾を銜《くわ》えた蛇を見てベンゼン環を思いついたといいますし、バイオリンの難曲「悪魔のトリル」は、バロックの音楽家タルティーニの夢の中で、悪魔が弾いた美しい曲を再現しようとしたものだそうです。

私も、どうしても解決できなかった数列が夢に現れ、目覚めたあと、夢で書いていた式を現実に加えてみたら、見事に解決したという体験がありました。

本当にものごとを突き詰めて考えていると、夢の中で解決法が現れることもあるのでしょう。ゲシェラーが話して下さったツォンカパの夢の話も、「偉人の偉大さを伝える伝説」だけではないと思っています。

## 空性について①——壁の突破力

ゲルク派には三大本山（ガンデン寺、デプン寺、セラ寺）があり、これらはそれぞれいくつかの学堂（寮を伴う僧院）で構成されています。

ゲシェラーは、デプン寺に四学堂（現在）あるうちのゴマン学堂で学んでいましたが、このゴマン学堂にも、その名の由来を語るエピソードがありました。

ゴマン学堂は、空性を体得した成就者を多く輩出していたのですが、彼らには特徴がありました。壁を「実体的な壁」として認識しないため、通り抜けてしまうのです！

そんな修行者たちが、壁のあちこちを自在に行き来するので、この学堂は「ゴ（門、入り口）マン（多い）」——「入り口がたくさんあるところ」という名前がついたそうです。

空性についてもうひとつ、ゲシェラーから聞いた話があります。

ツォンカパ：ダンカル寺（スピティ）、ニャガツァン堂。正面壁画（向かって左）。著者撮影

セラ寺：著者撮影

デプン寺：著者撮影

ものごとに実体はない――という教えは、修行をある程度深めていくと、「まったく何もない」境地に至るといいます。

「私」を取り囲む世界も、「私」がいる場所も、「私」自身も何もかも――。

結跏趺坐《けっかふざ》を組む地面が突然堅固さを失い、身体は宙に浮いた気がし、「私」が一体どこにいるのか、「私」が本当にいるのかさえおぼろになるとき、修行者にとってはそれが途方もなく恐ろしいことに思える瞬間が来るそうです。

恐怖のあまりもがいて自分の胸を叩き行《ぎょう》（深い瞑想）から出てしまう人もいるのだとか。

胸を叩いて、「痛い！」と感じて行から覚め、目の前にありふれた世界が存在し、「私」がいまここにいることに、「良かった、良かった、私がいた！」と安堵するといいます。

「私そのものも何もないこと」は、「死」の恐怖に通じるかもしれません。

空性への恐怖を超えた先こそが、仏教の説く空性の教えの心髄なのですが、その深い境地に辿り着くのは修行者であっても簡単ではないようです。

## 空性について②——絵に描いた犢《こうし》の乳搾り

ツォンカパの夢に現れたうちの別のひとり、チャンドラキールティには、一般に「絵に描いた犢から乳を搾った」というエピソードが伝えられています。

ただ、通常この話は「〔見えるものを〕実体であると思い込むことを防ぐ」比喩として挙げられるものです。

しかし、私がゲシェラーから聞いたチャンドラキールティのエピソードには、後の世界に影響を与えた仏教思想史上の傑物ではなく、悲《あわ》れみの心にあふれ、空性を体現したひとりの大乗仏教徒の姿がありました。

ひどい飢饉に見舞われた年のことです。チャンドラキールティの住む村でも村人が次々に倒れていきました。

チャンドラキールティは心を痛め、ある日、寺の土壁に牛の絵を描きました。

そして彼はその牛から乳を搾りはじめたのです。その乳はどれだけ絞っても充分にあふれ出ました。

それを村人全員に配ったお陰で彼らは満たされ、その村から餓死者が出ることはありませんでした。

ゲシェラーは、このエピソードを私に語るとき、

「チャンドラキールティは空の思想の大学者であるだけではないのですよ」

と最初におっしゃいました。

むしろ彼の最大の徳目は悲心（あわれみの心）にあるし、空性理解も悲に裏付けられた実践がなければ大乗の菩薩行ではないのです、と。

悲とは、サンスクリット語でカルナーといいますが、人が苦しむ姿を見、人の慟哭《どうこく》を聞き、「可哀想だ……」と胸を抉られるような思いで呻き共感する心です。

観音菩薩は「大悲の菩薩」といわれますが、大いなるあわれみの心を持つ菩薩の代表だからです。

ツォンカパに影響を与えた中観思想の大論師チャンドラキールティもまた大悲をそなえた仏道修行者のひとりであったことを、ゲシェラーは教えて下さいました。

……………………

### チベット余話①　王の頭に獣の角

日本人にも馴染みのある童話とよく似た話を、ゲシェラーから聞いたことがあります。

9世紀中葉に現れたランダルマという王様の話です。

ニンマ派の項で述べたようにティソンデツェン王代に花開いた仏教でしたが、3代後のランダルマにより、終止符が打たれます。破仏（仏教の排斥）で有名な彼は、悪逆非道な王としても知られていました。

ランダルマ王のもとに呼ばれた理髪師は、なぜか二度と戻らなかったそうです。民は怯え切っていました。そんななか、ある理髪師が王に召されました。彼もまた怯え切っていました。

王宮に召し出され、髪を整えることになりましたが、王は人払いをして理髪師とふたりきりになりました。理髪師は恐ろしくて、ひたすら命じられるままに髪を整えようとします。

が……なぜか王は頭に布を巻いたままです。

理髪師は、こわごわ申し上げました。

「畏れながら王様、かぶりものをなさっていては、髪も整えられません。どうぞお取り下さい」

願い通り王様が頭に巻いた布を剥がしていくと、王様の頭には角が生えているではありませんか!?

理髪師は驚いて大声を出すところでしたが、口を固く結んで必死でこらえました。そして、何も見なかった振りをして髪を整え始めました。

整え終わったとき、王様が言いました。

「予の頭を見ても声を上げなかった理髪師は初めてだ！　いいだろう、その度胸に免じて、お前が見たものを決して話さないと誓えるのなら、命は助けてやろう」

「もちろんです！」

理髪師が他言しないことを固く誓うと、王様は彼を解放しました。

それから数日は、命の助かったことを喜びながら過ごしましたが、しばらくたつとどうしても王様の角のことを誰かに話したくなりました。しかし、話せばたちどころに噂は広まり、理髪師は見つけ出されて殺されてしまうでしょう。

彼は必死で我慢しました。何カ月か過ぎ、もうたまらなくなった理髪師は、ついに人里離れた竹薮に行き穴を掘り、その中に大声で叫びました。

「王様の頭に獣のツノーーーー！」

理髪師は清々した気分で帰って行きました。


さて、チベットは竹が豊富です。その竹から笛を作る人もいます。そんな人が、たまたま通りかかったその竹薮で、良い竹を見つけて笛を作りました。

その笛を気持ちよく吹き鳴らすと、高らかに響き渡ったその音は……

「オウサマノアタマニケモノノツノーーー♪」

「『王様の耳はロバの耳』ですね！」

私はゲシェラーに言いましたが、ゲシェラーはミダス王の話*の方をご存知ありませんでした。

この話は昔話の分類でATU782という話形に相当し、世界の広い範囲で似た話が語られていますから、**チベットに入った話形が破仏の王と結びつき、ランダルマのおこないを強調して後世に語り伝えることになったのでしょう。

### チベット余話② 論理学堂に出る妖怪

チベットの「ロバの耳」について、ゲシェラーから聞いた話があります。『王様の……』ではなく、『僧の耳は……』という怪談話です。

毎年、決まった時期になるとチベットの小僧さんたちは、自分の学びたい科目を集中的に勉強するために旅し、専門の学堂を訪れて数カ月間合宿したそうです。そんな合宿先のひとつ、ある論理学堂には、有名な怪談話がありました。

論理学堂というと日本人には馴染みが薄いかもしれませんが、チベット仏教は論理学が盛んで、勉強のひとつとしてディベート（特定の主題について二派に分かれて行う討論＝教義問答）を繰り広げます。これはインド以来の伝統で、異教徒が論争を挑んできたとき、論破できる知識と技を磨くことから始まりました。チベットの学堂に入学すると、まず最初に学ぶのがこの論理学です。そんなわけで、小僧さんたちはしばしば仲間とともに論理学堂合宿をおこなったようです。

ゲシェラーも子供の頃、仲間の小僧さんたちと一緒にある有名な論理学堂に合宿に出かけました。

しかし、その論理学堂では、「フードをかぶった人と問答してはいけない！」そんな言い伝えがあったとか——。

仏教論理学の問答は、リズムをつけた独特の掛け合いで、メンコを地面に打ち付けるような大振りな動作で両手を打ちつけ地を踏みならして相手を威嚇しますから、仏教が大好きな（！）小僧さんたちにとってはゲームのようなものです。勝った負けたとはしゃぎながら相手を変えて、夜遅くまで続けていると、頭からすっぽりフードをかぶった人が現れることがあるそうです。

チベットの冬は寒いので、くりくり坊主の頭も寒くて僧衣の端をフードにしてかぶることもあるでしょう。だから、誰にも気づかれません。

ある小僧さんが、

「問答しよう」とフードをかぶった僧に呼び止められ、教義問答を始めました。

すると……強い強い！　その僧は楽しくて仕方がない様子で問答をしかけて来いと催促しますが、どんなテーマを出しても答えてしまいました。フードの僧はやがて嬉しそうに言いました。

「じゃあ、今度はお前さんの番だな……」

小僧さんが答える番になったとき、残念ながら小僧さんには答えられなかったのです。

その日から、その小僧さんの姿を見た者はいませんでした——。

「その男がすっぽり頭を隠していたのは、ロバの耳をしているからです」

ゲシェラーはおっしゃいました。

実はその僧は、生前はこの寺の高名な論理学者で、論理学と問答が大好きだったけれども、仏教の心髄の慈悲を学ぶことを忘れてしまったので、今ではこの学堂の妖怪として住みついているのだそうです。

合宿の子供たちで賑やかになる頃に現れ、小僧さんに議論をしかけては議論に負けた子供を攫《さら》って行ってしまうのです。

子供のゲシェラーたちはこの妖怪が本当に恐くて、みんなで「衣を頭にかぶらないで!」と言い合ったとか。

ゲシェラーはつけ加えました。

「この妖怪は生きていたときは大学者でした。でも、慈悲の心をなくしたら、どんなに偉い学者でも妖怪になってしまいます」

慈悲——人を慈しみ思いやり、苦しみに共感する心。

この怪談は、小僧さんたちにその心の大切さを教える戒めなのでしょう。

論理的な思考法は大切です。後に密教を学ぶようになったとき、様々な幻影が現れたとしても、何が真実で何が幻かを見極めるための分別を養ってくれます。

しかし、論理ばかり巧みになり、教えの心髄の慈悲の心を忘れてしまったら、どれほど学問があったとしても妖怪に成り下がるしかないのです。

仏教の根本が慈悲なのだということを、この怪談話は伝えていました。

---

＊『オウィディウス　変身物語』下（中村善也訳、岩波文庫、１９８４、１１９～１２０頁）参照。

＊＊ Hans-Jörg Uther. *The types of international folktales : a classification and bibliography : based on the system of Antti Aarne and Stith Thompson.* pt. 1 (FF communications, v. 133, no. 284) Suomalainen Tiedeakatemia, 2004, pp. 441-442.

---

# 第4章　からだをめぐる風

## チベットの身体生理学

ゲシェラーをはじめ、これまでお伝えしてきたチベットの高僧や修行者たちは顕教に精通していただけではなく、たゆまぬ精進を続ける密教行者でもありました。そしてこの密教こそが、死に臨む僧侶を導き、チベットの人びとの死に際の心を支えるものでした。

ゲシェラーは、「密教は森、顕教は平野」（第1章40頁参照）だと教えて下さいましたが、正しいガイド（師匠）と地図（テキスト）がなければ目的地（悟り）に辿り着けない密教に較べ、顕教はガイドや地図なしに歩ける平野のように見晴らしの良い道です。ところが、危険を避けて歩く道だけに、悟りの岸辺に至る道のりは果てしなく遠いのです。

顕教では、心を静め修行し利他行に励み続けても、仏陀に成るまで三阿僧祇劫《さんあそうぎこう》もかかるといわれています。

この阿僧祇という単位は、一説には10の56乗ともいわれるほど途方もない数ですが、劫《こう》というのもまた長い。「一劫《いっこう》」は、「3年に一度天女が降りて来て、約160キロメートル四方の大岩を羽衣でさっとひとなでし、その大岩が摩耗して完全になくなってしまうまでの時間」ともいわれますから、地球の年齢を思わせるような長さです。その三阿僧祇倍というなら、優にこの宇宙の年齢（およそ138億年）を超えています。

そう考えると密教は、宇宙をいくつか超えて生まれ変わり死に変わりして修行し続けるような途方もない時間をかけず、今生で悟りを得よう、仏陀に成ろうと堅く誓った人たちの、身体を張った修行の果てに構築された思想体系なのです。

「身体を張った」と言いましたが、これは彼らの修行が利他行や心を静める瞑想だけでなく、ラマや本尊を観想し一体と成る本尊ヨーガや、身体を流れる「風《ルン》（rlung）」（サンスクリット語ではプラーナ）をコントロールする様々な身体的技法をともなうものだからです。彼らはこういった修行により、身体に秘められた「チャクラ」の結び目を解き、悟りへの門を開くことが可能であることに気づいたのです。

## 顕教の中の風

実は、「風のコントロール」という技法は密教（7世紀以後）で初めて現れたわけではなく、インド医学と関わりの深い『正法念処経《しょうぼうねんじょきょう》』という小乗経典（6世紀はじめまでには成立）にすでにありました。

「小乗」というのは「小さな乗り物」という意味です。誰でも乗れる大きな乗り物である「大乗」サイドから貶《おとし》められた名称のため、現在では、例えばタイなどの南方に伝わった仏教を「小乗仏教」とは言わず「上座部仏教」と呼びますが、古代チベット（7〜9世紀半ば頃）の経典目録（経典をジャンルごとに分類したもの）である『デンカルマ』では、「小乗経典」という項目の中にこの経典が分類されているので、本書はそれを踏まえて使っています。

この『正法念処経』というのは、地獄の描写の生々しいことで有名な経典ですが、7章あるうちの6章を業とその果報（人が死んだのち生まれ変わる六道《りくどう》——地獄・餓鬼・畜生・修羅・人・天）について割き、残りの1章を「風のコントロール」にあてています。

そこでは、身体を流れる77種の「風」が身体機能の維持に関わることを詳細に述べるとともに、この「風」が乱れたとき心身に病的症状が現れることも記しています。特異なのは、これらの「風」

が、身体に巣食う約80種の「蟲《むし》」を臨終時に破壊する、と説いていることです。

身体に巣食う「蟲」の概念は、のちに発達したチベット医学では寄生虫やウイルス、バクテリア等に統合整理され、「風」もまた、心身を整えるメインの五風とサブの五風にまとめられ洗練されていきますが、おそらく小乗仏教の時代から「風のコントロール」をしそこね心身を壊した多くの修行者たちを知っていたからこそ、「風のコントロール」の技法は大乗仏教が隆盛になる中で研ぎすまされ「秘密の教え（密教）」として師匠から弟子へ、状況に応じた懇切丁寧な口伝の形で伝えられていったのでしょう。

さらに、『正法念処経』において明かされた臨終時の「風」の特殊なはたらきは、「蟲」との関わりを離れて受け継がれ、いっそう磨かれ、やがて密教修行の根幹に位置するようになるのです。

## 風と中央脉管

チベットにおける「風のコントロール」は、心身の統御という意味で医学と密接にかかわり合っており、チベット医学では、身体には「脉《みゃく》」（もしくは「脉管《みゃくかん》」。チベット語で「ツァ」）と呼ばれるネットワークが「八万四千」あるとしています。このネットワークの中を、「風」が常に循環しているわけです。

脈管のうち、背骨に沿って走るものを中央脈管といいます。この中央脈管に、蓮花の形をした4つのチャクラが繋がっており、それは一般に額、喉、心臓、臍（チベット医学では5つで、頭頂、喉、心臓、臍、会陰《えいん》）に位置しています。

チベットの修行者たちは、肉眼では見えないこれらの身体を修行の中で感得し、呼吸法をともなう、複雑で繊細な「風のコントロール」によって臨終時にさとりの門を自ら開く技法を会得し、伝えていったわけです。

次章では、そのようなチベットだからこそ現代まで受けつがれた、「死」に対する臨み方を伝える2つのテキストをご紹介しましょう。

『正法念処経』にあらわれた「風」や「蟲」の記述については、「『正法念処経』における「風」について　――チベット訳を中心として――」（拙稿、『東洋学研究』第39号、2002）を参照されたい。

風、脈、チャクラについては、本稿でも参照した『チベット医学入門』（トム・ダマー著、春秋社、1991）が詳しい。チベット医学的な見地から「風」と「脈」を記しているだけでなく、ホリスティック医学の立場からチベット医学を総合的に捉えており、「入門」の域を超え充実した内容となっている。

# 第5章

## 2つの「死者の書」

### メメント・モリ（死を思え）

「生きることは苦しみである」と、仏教は説きます。

バブル景気に浮かれていた時代と違い、大地震やたびかさなる自然災害、放射能汚染にさらされた今日であれば、一人ひとりに日々の楽しみはあるとしても、報道される他の誰かの悲劇に心を痛めない日はないのではないでしょうか。

「我が世の春」のはかなさを知り、他の人の苦しみを我がことのように思える今の私たちだからこそ、国を失ったチベットの人びとの生き方や考え方にも、これまで以上に添うことができるような気がします。

多くの「死」を間近に見た私たちは、その理不尽さに憤り嘆き、あるいは戸惑うばかりですが、故国を離れ世界に散らざるを得なかったチベット人たちは、親兄弟や友人たち、大切な師匠の理不尽な「死」――いえ、「生」そのものに対してどのように考えていたのでしょうか?

ゲシェラーも死を恐れていた時期があります。

恐れて「インドに帰りたい」とおっしゃっていました。

ゲシェラーがなぜ死を恐れていたのかというと、日本に長くとどまったせいで、成就したいと願う修行を完成させておらず、それを終えなければ自らの死に臨めない、と考えていたからでした。

3年3カ月かかる「お籠《こも》り行」をおこない、準備をしたい。しかし、日本では籠れる場所も環境もない。そう思っていらっしゃったようです。

つまり、ゲシェラーが恐れていたのは準備をしないまま死ぬことだったのです。

チベット人――ことに僧侶は、「死」そのものではなく、「死」までにみずからの修行が完成しないことをひどく恐れるのだと、そのとき初めて知りました。

彼らは、「死」をことさら愛することも厭うこともありません。しかしいつでも、その声に耳を澄ませていました。それはまさに、「生」に対する態度と同じものだということを、私はゲシェラーから感じていました。

「死」を思うからこそ、春が来るたびに咲く花もひとつとして同じ花ではないと感じられ、いまここにあることの喜びや「生」の楽しみを味わうことができるのでしょう。

刹那《せつな》にまみえる一つひとつのものごとに真摯に向き合う姿は「生」を輝かせ、あるとき訪れる「死」すら、新しい世界に導く門として後悔なく受け入れ、あゆみ出すことができるように思います。

高僧たちは、しばしば自分の死期を予期し、弟子たちに知らせ、その準備をするようです。

みずからが刻む時間をいたずらに漫然と過ごすのではなく、常に主体的に、自分がいま何をしているのかを理解しながら生きるとき、自分のおこないを律することができます。

その積みかさねが、自分に起こる変化や身のまわり――世界に起こる微細な変化を敏感に感じ取る、予兆を知る力になっていくようです。

チベットには、そんな彼らならではの「死者の書」があります。それは、生きている人のための「死者の書」と、亡くなった人のための「死者の書」です。

## 生者のための「死者の書」

仏教修行者が2000年以上の時をかけて洗練させてきた悟りへの道は、前章で述べたように、顕教であれば途方もない年月をかけて生まれ変わり死に変わりしながら修行をかさねないと達成できないものでした。

密教は、それをこの1回の人生で遂げてしまおうという教えです。

しかし、修行がインスタントで仕上がるはずもなく、濃縮された教えは人によっては毒になるかも知れない難しさをはらんでいました。

よほどの宗教的天才でなければ、生きた身のままで成仏することはできません。

しかし、仏教の身体論や仏教医学にもとづく精緻な密教修行の技を磨き続けた僧たちは、誰にでも平等に訪れる死の瞬間に、そのチャンスが凝縮していることに気づきました。

それにより、彼らにとって「悟りの門としての死」がくっきりとした姿を現したのです。

宗教的アスリートともいえる彼らは、4年に一度のオリンピックどころか一生に一度のその瞬間のために、意識を研ぎすまして垣間見える悟りの光明と一体となるべく、何度も行をおこないシミュレーションし、心身の陶冶《とうや》に励んでいたのです。

彼らにとって「死」は、悟りの向こう岸を見据えることのできる、パラグライダーの助走の丘のようなものなのかも知れません。「風」をコントロールし、目的地に到達するための、「飛ぶ」のに最適な丘です。

そんな「飛ぶ瞬間」――「死の瞬間の指南書」が、ゲルク派の「死者の書」（『クスム・ナムシャク』）と呼ばれるものです。

以下で、その「死者の書」に描かれる死の瞬間の様子をお伝えしていきましょう。

## 死のプロセス

死の瞬間、人の身体を巡る「風《ルン》」は最終的にすべて、脊椎に沿って走る中央脈管《みゃくかん》と呼ばれる仏教医学が想定する脈管に溶け込みます。

中央脈管の胸の位置にはチャクラ（脈管の結び目にある輪）があり、その中にふたつのお椀を合わせたような形をした「ティクレ（滴、円輪）」があります。

この「ティクレ」の中に、非常に微細な意識を伴った「持命《じみょう》の不滅の風」が入っています。

密教行者にとっての「死」は、この「持命の不滅の風」以外の体内のすべての風が中央脈管に溶け込んでしまうことによって起こります。

このとき、身体を構成する要素が次々と溶けて（衰えて）いきます。

**①視力の衰え**

まず最初に眼が見えなくなり、身体が地下に沈んだような感覚が生じます。外から見ると肉体の大部分が乾燥し、様々な部分が緩んできます。

瞼《まぶた》を閉じることもできなくなると、外から見たとき身体の色が悪くなっています。

このとき、**「陽炎《かげろう》のようなもの」と呼ばれる光景**が心に現れます。砂を照らすチラチラとした春の光や水のきらめきのような光景です。

**②聴力の衰え**

次に、心地よいとか苦しいといった感覚がわからなくなり、音も聞こえなくなります。外から見ると唾《つば》や汗など体液の大部分が乾いてしまいます。

このとき、**「煙のようなもの」**が心に現れます。煙がどんどん充満していくような光景です。

**③認識力の衰え**

次に、もはや親族や知り合いが誰であったのか思い出せなくなります。外から見れば、体温が下がり、消化能力もなくなります。

鼻から息を吸いにくくなり、吐く量が増え、激しい呼吸を生じます。もはや匂いもわからなくなっています。

このとき、**「蛍のようなもの」と呼ばれる光景**が心に現れます。煙突から煙が出ているとき、その中にわずかに赤い火花が散るような光景です。

**④動かない身体**

次に、世間の様々な事柄を思い浮かべることができなくなり、身体が動かなくなります。呼吸ももう困難な状態です。味わう感覚もなくなっています。

外から見れば、舌の表面が粗くなって長さが縮み、舌の根元は青く変色します。

身体が触れているものに対して、ツルツルやザラザラといったような感触すらなくなっています。

このとき、心には**「灯明を燃やすようなもの」と呼ばれる光景**が生じます。蝋燭《ろうそく》の灯が消え終わるとき、炎が大小に揺らめくような光景です。

**⑤日常の心の消滅**

日常の粗《あら》い心は風《ルン》に乗っていますが、この粗い心が微細な心（「真っ白に現れた心」）に溶け始めるとき、灯明を燃やすような光景が現れます。

溶けてしまうと、**月光冴えわたる澄んだ秋の夜空のように、清らかな白い光の光景**が心に現れます。これを「顕明《ナンワ》」といいます。

**⑥赤く輝く心の生起**

乗り物である風をともなう「真っ白に現れた心」が溶け、続く「真っ赤に輝く心」が現れたとき、**秋晴れの空に太陽が輝くように、いっそう清らかで明るい赤もしくは赤黄の光景**が生じます。これを「増輝《チェーパ》」といいます。

**⑦闇の訪れ**

風をともなう「真っ赤に輝く心」が、続く「真っ黒に近づいた心」に溶けると、**秋の晴れた**

**日の黄昏に、清らかな深い闇が満ちるような光景**が現れます。これを「近得《ニェートプ》」といい、この段階までは心の光景を認識することができます。

この状態が終わると、想念はまったくなくなり、心の光景を何も認識することがなくなります。**気絶したときのように真っ暗**になります。

**⑧死の光明**

その真っ黒な闇が、続く「光明」に溶けると、**太陽も月も闇もない秋の晴れた虚空《こくう》のような、純粋で晴朗な「心そのもの」**が現れます。

輪廻転生のはじめ――原初から存在するきわめて微細な持命の風と心が現れたことにより、この光景が生じます。これを「死の光明」といいます。

人の「死」は、この状態をさします。

この光明の状態が続く期間は、修行の深度によって一瞬だったり、7日間だったり様々です。

まもなく微細な風に乗った意識が動きはじめ、古い肉体を捨て体外に出て行きます。こうして「中有《ちゅうう》」の身体が生まれます。中有とは、「死」（死有）の瞬間から次の「生」の瞬間（生有）までの期間のことです。

## 修行者は死を疑似体験する——生起次第《しょうきしだい》と究竟次第《くきょうしだい》

「死」のとき、「光明」そのものは光景として現れますが、まだ心の粗い部分が残っている修行者には、原初の光明そのものと一体となることはできません。

そのため彼らは生きているうちに、ツォンカパや灌頂《かんじょう》を受けた本尊を観想しそれと一体となる本尊ヨーガ（生起次第）を繰り返しおこない、そののち体内の風を動かすヨーガ（究竟次第）に励み、中有の身体の代わりに「幻身《げんしん》」と呼ばれる身体を成就します。

ナーローの六法（第3章「カギュー派」の項参照）の「幻身」は、この身体を得るための修行法のことです。

この段階ではまだ「不浄の幻身」と呼ばれるものですが、この修行を深めることで「清浄な幻身」を得て、それにより「光明」と一体になることができるのです。

ツォンカパは臨終のとき、中有において幻身を実現し、究極の悟りに至ったと伝えられています。

「死の過程」と「究竟次第」に関しては、『ゲルク派版　チベット死者の書』（ヤンチェン・ガロ撰述／ラマ・ロサン・ガワン講義／平岡宏一訳、学習研究社、1994）並びに『須弥山の仏教世界』〈新アジア仏教史　9巻　チベット〉（佼成出版社、2010）を参照した。前者は、清風学園校長の平岡宏一氏が、恩師であるゲルク派の密教学院ギュメの元管長ロサン・ガワン師（故人）から講義された内容の翻訳である。ゲルク派の『クスム・ナムシャク』は、「死の瞬間の指南書」であると同時に「生まれ変わりの指南書」でもあり、実際の修行者がおこなう脈管内の風の移動や、脈管とチャクラの結び目を解く仕組みについても詳細に記し、より良い転生に修行者を導くテキストとなっている。

## 死者のための「死者の書」

修行に明け暮れる僧侶ならともかく、充分な時間など取れぬまま、毎日の生活に追われる私たちはどうしたら良いのでしょうか？

事前に準備をするといっても、本尊ヨーガのような観想法なら就寝前のリラックスタイムにおこなうこともできるでしょうが（第3章69頁参照）、体内の風《ルン》のコントロールを目指したヨーガは、誰でも気軽にできるというものではありません。

しかし、おもにニンマ派とポン教が伝えるゾクチェンという教えは、風のコントロールができなくても、適切な導きによって、原初以来私たちの誰にでも内在している慈悲のエネルギーそのものの「心の本質」（明知《リクパ》）を、私たち自身が感得できることを説いています。

この「心の本質」こそが、「死」に臨む人にとって大きな役割を果たすのです。

もちろん、このためには正しい教えを伝える師匠が必要ですが、生前そのような師匠にめぐり会うことができなくても、「死の瞬間」を好機ととらえ、資格のある僧侶に『死者の書』＝『パルド・トゥードル』を唱えてもらうことで、より高い境地へ、転生へと導いてもらうことができるのです。

パルドは「中有」、トゥードルは「聞いて解脱《げだつ》する」という意味で、亡くなった人の耳元にこのお経を語りかけ、中有をさまよう死者に、行くべき道をさし示す教えです。

日本でも亡くなった人のもとでお経を読む枕経《まくらぎょう》がありますが、本来は亡くなっていく人の怖れを取り除くものだったことを思うと、国や宗派により読むお経は違えど、淵源は同じなのでしょう。

ただ、この『パルド・トゥードル』が独特なのは、死者の心に浮かぶ光景を死者とともに見ている伴走者のような語りかけを行うところです。

『パルド・トゥードル』には、死にゆく人の目の前に、寂静尊《じゃくじょうそん》と呼ばれる穏やかな神仏と、忿怒《ふんぬ》尊《そん》と呼ばれる荒ぶる神仏が次々に現れ、死にゆく人の心の傾向に添った道へと導くことが描かれています。ところが、寂静尊の光明はまばゆすぎ、また燃えるような忿怒尊の容貌は恐ろしくその高笑いに震え上がってしまい、身動きができなくなるといいます。

しかし、目の前に現れる神仏の姿はどれも、死にゆく人の心が現し出したものであって、その人を害するものではありません。その姿は、まぎれもなくその人自身なのです。

ですから、このときに何も恐れずリラックスしていれば、おのずとその光明に溶け入り一体になることができます。

ではこれから、『パルド・トゥードル』が語る「死と解脱あるいは再生の道」を、ともに辿っていきましょう。

## 死のプロセス

『パルド・トゥードル』でも、前項の修行者たちに現れたものと同様、「死の過程」には、①「陽炎のようなもの」②「煙のようなもの」③「蛍のようなもの」④「灯明を燃やすようなもの」という光景が現れると説きます。

④のとき、死にゆく人に幻覚やヴィジョンが立ちのぼります。生前、悪行をおこなっていた人には叫び声を上げるほど恐ろしい幻覚が迫り、思いやりあふれた人生を送ってきた人には、仲の良かっ

た人びとや聖者たちと「出会う」心安らかな時が訪れます。

そののち、⑤「真っ白な顕われ」（前項の「真っ白に現れた心」）⑥「真っ赤な顕われ」（「真っ赤に輝く心」）⑦「真っ黒な顕われ」（「真っ黒に近づいた心」）が生じます。

気絶したような状態ののち、再び微細な意識が生じたときに、澄み渡った空のような根源の光明が立ちのぼります。これが、⑧「死の光明の心」（「死の光明」）です。

ダライラマは、

「この心は最も奥深い微細な心である。わたしたちはこれを仏性《ぶっしょう》と、一切の意識の真の源と呼んでいる。この心の連続体は悟りの心へと続いて行く*」

と、述べています。

この「死の光明の心」は、死に臨み肉体的な縛りがすべて解けたときに現れる「光明」で、「仏性」と呼ばれるものです。この世のあらゆる生きものに内在する根源的な本性なのですが、私たちは通常これに気づくことはありません。

ゾクチェンの修行者たちは、師の導き入れによってこれに気づく「鍵」をもらい、生前の修行中にせわしなく動く心を静め、自らの心の本質である光明にまみえたあとは、その光明にできるだけ長くとどまるように修行を続けます。

そして「死」が訪れ、「死の光明の心」が立ちのぼった際、自らの心の本質をその「光明」に融合させるのです。

## 悟りの4つのチャンス――法性のパルド

会ったこともない人を雑踏で見ても、それが誰だかわからないのと同じで、修行者でない人びとは、何が「死の光明」なのかまったくわからないといわれています。

だからこそ、『パルド・トゥードル』は最期に間に合う「光明」への地図として、死者に立ちのぼる光景と、そこで何をなすべきかを教えてくれています。

⑧の「死の光明」＝「根源の光明」に気づかなかった場合、心には「法性のパルド」と呼ばれる4段階の様々な顕現が次々と立ちのぼります。

僧は死者の耳元で、顕れた光景はすべてその人自身の「心の本質」から放たれたもので、それを怖れることなく、ひときわ輝く光に溶けいることを説き聞かせます。

## 再生への道――再生のパルド

『パルド・トゥードル』には幾日にもわたる「法性のパルド」の様子が描かれていますが、①～⑧も、続く「法性のパルド」も「一瞬のうちに起こる」といわれています。

つまり、修行者には物理的時間とは違う時間感覚が生じ、①～⑧も「法性のパルド」も、ゆっくり流れる主観的時間の中ではっきりととらえられるようです。しかし、「光明」に馴染んでいないものには、起こっていることがまるでわからないままさっと過ぎてしまいます。

こうした「悟りのチャンス」を見逃した場合、再生への道が始まります。

ここに至って、蓄積された習い癖が目覚め活性化し、過去のカルマの記憶をともなう「意成身《いじょうしん》」というからだを持つに至ります。この意成身は「カルマの風」と呼ばれる次々に湧き起こる想念のままに、絶え間なく動き続けることになります。

また、自分の葬式に立ち会い、参列者達が本心からお悔やみを言っているのかどうかもわかってしまいます。

この「再生のパルド」の期間が、四十九日間（短くて1週間）続き、7日ごとにパルドで小さな「死」を迎え、死のプロセスを繰り返します。寂静尊と忿怒尊はこの時期に現れ、「意成身」を優しく迎え入れるか、あるいは恐ろしい姿で追い立てます。

この「意成身」はとても影響を受けやすいので、僧は死者の耳元で、どのようなものを見、幻影にさいなまれても「まどわされるな」と繰り返し説き聞かせ、清らかな心を保ち、縁のある仏・菩薩に祈願したり、観音菩薩の真言の「オン・マニ・ペメ・フーム」を唱えるように囁き続けます。

## 再び生まれる

再生のパルドで生まれ変わりの時が近づくと、輪廻する六道（地獄、餓鬼、畜生、修羅、人、天）のそれぞれから異なる色合いの光が放たれ、死者はそのいずれかに惹きつけられるといわれます。またそれぞれを象徴するようなヴィジョン（天界なら神々しい宮殿のヴィジョンなど）が顕れますが、望ましいものでない場合には、自分の身に何が起こりつつあるのか気づき、自分の望む世界を一心に希求する必要があります。

「これらは実際には、わたし自身の心にすぎない。心そのものも空である。なにものからも生ずることはなく、なにものにも妨げられることはない。……（中略）……心をあるがままの姿に解きほぐし、くつろがせ、解き放ってやるのだ。心を自然にときほぐし、やすらわせることによって、様々な生まれへと至る胎の入り口がとざされるだろう」[***]

刹那刹那に注意深くあれば、自分の置かれた状況を把握し、自分の望む方向に変えていくことができるのです。

もしも、将来の両親を見て惹きつけられるものを感じたら、その世界に再生することになりますが、そのときにも、自分に縁のある将来の両親を仏や導師、本尊と見なすことができれば、その人は仏国土に生まれ変わることができるといいます。

どんな刹那にも、どのような状況にあろうとも、より良きことを強く望むことが大切なのです。その望みで、行く道——未来は変わります。

＊　『チベットの生と死の書』（ソギャル・リンポチェ著／大迫正弘・三浦順子訳、講談社、1995、419～420頁）参照。
＊＊　ソギャル、前掲書、（463頁）参照。
＊＊＊　ソギャル、前掲書、（477～478頁）参照。

・本項は、ソギャル・リンポチェの『チベットの生と死の書』を参照した。628頁にも及ぶ大部の本だが、終末期医療のバイブル『死ぬ瞬間』の著者エリザベス・キューブラー・ロスや、臨死体験を集めた『かいま見た死後の世界』の著者レイモンド・ムーディーなどを引き、欧米人にも（生活が欧米化した日本人にも）理解しやすい『死者の書』解説書となっている。なお、同書は『チベット生と死の書』（講談社＋α文庫、2010）として文庫化されており、こちらが入手しやすい。

・『パルド・トゥードル』の原本の翻訳書としては、『原典訳　チベット死者の書』（川崎信定、ちくま学芸文庫、1993）がある。

# おわりにかえて

薬王楽土

## この身このままこの場所を

仏教では「人身得難し《にんじんえがた》」と言い、仏の教えを学ぶことのできる（修行のできる）人間の身体を得ることは、海に住む眼の見えない亀が浮いている木の穴に偶然にも頭を突っ込んでしまうくらい本当に難しい（盲亀浮木《もうきふぼく》の譬《たとえ》）、といわれています。

私たちは再び生を享け、いま生きています。

六道輪廻の他のどこでもなく人としての再生を得られたとしたら、もうそれだけでとてつもなく恵まれている証拠なのです。それは、六道のうち人だけが悟りをめざすことができ、この輪廻から抜け出せる可能性があるからです。

しかし、同時に仏教は「生は苦しみである」とも説いています。生まれた限りは、老いる苦しみ、病む苦しみ、死ぬ苦しみから逃れることはできません。人間は誰ひとり、老いることもなく病むこともなく死ぬこともない、という存在にはなれないのです。

この生老病死の苦しみを四苦《しく》といいますが、人として生まれたことが大変な幸福であるのに、それでもこの人の身もまた、まだ苦しみから逃れられない――。仏教ではそう考え、これらの苦しみから完全に解き放たれることを願ってきたのです。

思えば、現代医学もまた「老いることも病むことも死ぬこともない人間」をめざしてきました。医学のめざましい発達のおかげで、いつまでも若く美しく健康で溌剌と生き続けることは、先進国に生まれ育ち、経済的に余裕のある人びとであればいまや可能なことでしょう。

しかし、もしその余裕がなかったら、その人はせっかく生まれた人としてのこの生を、辛く枯れ果てた短いものにしかできないのでしょうか?

チベットでは、その答えを仏教医学として伝えてきました。

人として生を享けたからには、いまそこにあるその人の状態の中で、そこから選択できる最善をめざせるようアドバイスをしています。

現在もチベット医（アムチ）によって施される医療は、動植物や鉱物薬による投薬、脈診などの通常の医術だけでなく、その人がどのような状態にあろうと、日常生活における「心」のコントロールの仕方のほか、死に臨む「風のコントロール」や呼吸法も説き、全人格的かつその人の人生をまるごと支えるホリスティックな養生法をそなえているのです。

## 悟りへの養生法

チベットの医学は、医学の起源に薬師仏を据え、仏教僧が守り伝えてきたものです。ですから、僧である医師たちは、自らを薬師仏とみなす本尊ヨーガをおこない、薬師仏と一体となったその「誇り」に基づいて医療行為をおこなうことが課せられています。

ここでいう「誇り」とは、他より優れているという自惚れなどはまったくなく、誰とも較べない自分と薬師仏だけの「約束」のようなものです。「私はあなたである」「あなたと私はひとつであり、私はあなたとしてふるまう」という「誓い」でもあります。

彼らは、薬王楽土（薬師仏の仏国土）への帰依《きえ》を抱いた上で、彼自身の住む現実の場所をその仏国土として整えよ、と求められます。

みずからの住む場所ではみずからを薬師仏とみなし、まのあたりにする現実を整え、一方、みずからの身体においては「風のコントロール」により、みずからのチャクラを整えることも大切な務めです。

この医師に課せられた生き方は、そのまま私たちの養生法につながっていきます。

本尊ヨーガのような観想法や息を整える呼吸法によって、心身を静め統合的に浄化していくことには、予防医学的な効果もあります。

チベット医学の特徴は、病にかかったとしても、患者は医師たちから薬師仏とみなされ、そのように扱われる、ということです。薬師仏の誇りを持つ医師が、薬師仏のあらわれである患者の心身を整えるのが、チベット医学における「医療」なのです。互いを薬師仏だとみなす、医師と患者双方が抱き合う「尊敬」はチベット医学独特のものではないでしょうか。

この「尊敬」のためには、われわれ――患者もまた、薬師仏であるという「誇り」を持つよう勧められます。その「誇り」に安らぎ、身体・言葉と呼吸・心を整えるよう努めることで、身を調《ととの》え病をコントロールする力を得ることができるのです。

病を得た身体であれば薬師仏として、あるいは健康であれば自分自身を自分に最も縁のある仏・菩薩であるとみなし、本尊と一体になったと信じる「誇り」と「自信」を持ってリラックスして生きることこそ、チベット医学の養生法なのです。

ゲシェラーが最後に求めた、縁のある尊格は、ヴァジュラヴァイラヴァでした。

ゲシェラーはインドに帰ったあと、文殊菩薩の忿怒形《ふんぬぎょう》である、このヴァジュラヴァイラヴァ（怖畏《ふい》金剛《こんごう》）という姿に変容するお籠《こも》りの行に入られました。

ヴァジュラヴァイラヴァはヤマーンタカ（「死の神ヤマを降《くだ》すもの」）ともいい、ツォンカパの守護尊でもあるため、ゲルク派ではとても重視されています。

控えめなゲシェラーは、3年後に行を終えたあと、

「少し、死が怖くなくなりました」

とおっしゃっていましたが、この修行はものごとにとらわれる心を徹底的に取り除いていくものでした。

うつろいゆくものにとらわれ、追い続けることから生まれる苦しみを取り除き、深くリラックスしていれば、心は自然と慈しみや共感のこころ（慈悲）に満たされていきます。あふれるこの心にゆったり安らいでいれば、私たちの中から不安や怖れが少しずつ溶けて消えていきます。

私たちが「死」を迎えるとき、あふれ出る慈しみや共感の心＝光り輝く私たちの心の本然のすがたそのものと一体になることが出来れば、それは人生の後悔も溶かし執着も溶かし無垢の心で、「死」を超えて新たな扉を開く、確かな力となってくれるはずです。

# あとがき

ゲシェラーは、2012年8月16日に亡くなりました。

2007年1月に患った脳出血によって半身麻痺となりながら、その後も3度来日し、伝授や説法をおこなっていました。ところが、2012年5月、脳出血が再発して一時入院。退院後も体力が戻らなかったようです。8月12日の夕刻より呼吸が困難になったことから死期をさとり、自坊に弟子たちを集め、読経のなか8月13日、午前1時30分に（表面上は）静かに息をひきとりました。（密教行者としては）8月16日午後1時頃まで「トゥクタム」と呼ばれる微細な意識による修行状態（「根源の光明」に安らぎとどまる状態）に入ったのち、遷化《せんげ》されたそうです。遺体の変化を観察した弟子たちが、これを確認しました。

以下に、師の経歴をご紹介します。〈ＭＭＢＡ〈付録3参照〉のサイトや『デプン・ゴマン学堂史』*を参考にしながら、部分的に筆者が補いました〉

ケンスル・リンポチェ・ゲシェ・ラランパ・テンパギェルツェン師は、１９３２年（外国人登録証の生月は9月）、チベットの首都ラサの近くキナク村に父チューペル・テンジン、母ヤルドの子として生まれた。父は商人で銃を手にして馬に乗っていた勇ましい人で、農業をしていた母はとても優しい人だったと師は語っていた。11歳で、チベット仏教の三大学問寺パルデン・デプン僧院タシ・ゴマン学堂ハルドン学寮ラワンリンにて、学堂長テンパ・チューータク師のもとで出家。のちにホル・ゲシェ・ガワン・チューータク師に師事し、仏教基礎学・般若学・中観学・阿毘達磨学を学習し修了した。１９５９年（27歳）にインドに亡命するが、このとき「一緒に逃げて下さい」と懇願した師が、このホル・ゲシェである。ちなみにホルとはチベット北方から東北地方をさし、テンパギェルツェン師は若い頃、ホル・ゲシェの実家の高原地方で修行したという。

亡命後の１９６７年に、チベット仏教における最高学位である「ゲシェー・ラランパ」の称号をダライラマ法王より授かる。１９６９年、南インドのムンドゴットに一時的に復興されたデプン・ゴマン学堂に移り、ゲコー（維那）やゲゲン（教授職）を務めていたが、１９７９年にダライラマ法王の命で東洋文庫へ派遣され、5年間日本で研究を続けた。帰国後、１９８６年にダライラマ法王よりゴマン学堂の第75代学堂長（ケンポ）に任命された。１９８９年に再びダライラマ法王に命じられ、東洋文庫の招聘によって来日する。（筆者が師と出会ったのは、この時期）

以後、師は東洋文庫外国人研究員として多くの大学教授および学生を指導し、『ツォンカパ父子全集科文集』の編集等、多数の学術的成果を上げ、ダライラマ法王に「ジャパン・ゲシェー」（日本の善知識）と呼ばれた。

１９９６年、インドへ戻り、デラドゥンにてヤマーンタカ（怖畏金剛《ふいこんごう》）の籠行の前行に入る。１９９９年春よりゴマン学堂に移り本行に入り、２００１年7月に成就。２００１年10月、ダライラマ法王に命じられ、文殊師利大乗仏教会（ＭＭＢＡ）会長に就任。各地にて説法をおこない、日本とインドを往復して活動を続けた。２００４年8月、ゴマン学堂のスタッフと共に、日本で初めての正式なチベット仏教僧院「龍蔵院デプン・ゴマン学堂日本別院」（広島市）を開創し、日本での活動拠点とする。

本書の「はじめに」で触れたように、ゲシェラーの人生は決して穏やかなものではありませんでした。本書に書ききれなかった苦いエピソードもまだたくさんあります。そして恐らく、当時の私にはとても聞かせられない話も抱えていらっしゃったことでしょう。それでも、ゲシェラーが語って下さった話のほとんどは「仏教」やチベットがキラキラ輝いて見えるような魅力的なものでした。

なお、「はじめに」で記載したエピソードは、ＭＭＢＡのサイト開設（１９９６年）に際し、筆者が寄稿した「優曇華の花」を改稿したものです。ＭＭＢＡ事務局の野村正次郎氏と奥様のさおりさんには、ゲシェラーの写真を頂くなど大変お世話になりました。

この他、本書は多くの方々のご助力をいただきました。付録のＣＤ録音には、ポタラ・カレッジ（付録3参照）の権田ガワンウースン、ソナムハモ夫妻が協力して下さいました。権田氏には写真もお借りしています。撮影者を記していない本書掲載写真は氏によるものです。録音当時、ソナムハモさんは妊娠中でしたが、２０１６年1月、無事に女の子を出産しました。この場を借りて、野村夫妻と権田夫妻に心より御礼申し上げます。

金岡秀友先生のご縁によって知遇を得た太陽出版の籠宮良治社長と、編集の飽本雅子さんにはひとかたならぬお力添えを頂きました。深く感謝致します。

本書が、ゲシェラーやチベット仏教と皆様を結ぶ機縁になれば、これ以上の喜びはありません。

石川美恵

* 'Bras spungs mkhan khri bstan pa bstan 'dzin, *Chos sde chen po dpal ldan 'bras spungs bkra shis sgo mang grva tshang gi chos 'byung chos dung g-yas su 'khyil ba'i sgra dbyangs zhes bya ba bzhugs so*, dpal ldan 'bras spungs bkra shis sgo mang dpe mdzod khang, 2003, pp. 225-226.

# 付録1

## チベットの葬送儀礼

チベット人の「死への臨み方」をお伝えしてきたわけですが、亡くなる人の「臨み方」ではなく、残された遺族の「臨み方」——チベット人の「見送り方」「悼み方」の一例をご紹介しましょう。

チベットの葬送儀礼というと、鳥葬を思い浮かべる人も多いことでしょう。火葬も土葬もおこなわれていましたが、チベット＝鳥葬と連想してしまうほど有名です。

あらゆる生命を尊ぶチベット人ですが、日本人とは違い遺体にはあまり執着しません。もしも生命の消えた遺体で、他の生きものをより良く生かすことができるなら、ためらわずそれを選ぶのがチベット人です。ハゲワシなど鳥類に与える鳥葬は、遺体を鳥や虫や、それを必要とするすべての生きものに施すことのできる、人の最後の善業でもあるのです。

そんなわけで鳥葬は、かつてのチベットでは一般的でした。現在でも一部ではおこなわれていますから、もしも、チベット人の友人ができて、この厳粛な葬送儀礼に参列することになったのなら、どうぞ「遺族」としてその死を悼み、その人の人生に感謝し、より良い転生へ向かうよう祈って下さい。その人の最後の善業を受け取る鳥や虫たちもまた、これを縁として次の世でより良い境界《きょうがい》に生まれるよう願って下さい。

現在のチベット社会——ことに亡命チベット社会では、ふさわしい環境もないため鳥葬はおこなえません。火葬の多い今日の葬送儀礼が、どのような次第でおこなわれているかをこれからご紹介したいと思います。これは、ポタラ・カレッジ（付録3参照）講師の権田ガワンウースン氏から伺ったものです。

## 死の準備

あなたにとても親しい、大切なチベット人の友人がいたと想像して下さい。ペマ（蓮華）という名前だったとしましょう。もしも病を患っていたなら、彼（彼女）は生きているうちから死の準備として、自分が信仰しているラマ（師である高僧）や有名なラマたちに頼み、ポワの準備をおこないます。

ポワとはよく「遷移」と訳されますが、本来「移動」「引っ越し」という意味で、死にかけている人、亡くなった人が悪趣に生まれないように、正統な血脈を受け継ぐラマが、観想して良い生に向かわせることです。瀕死の人や死者を、来世に生まれるまでに仏教に縁づける儀式です。

もしも病気ではなく、生前に死の準備（ポワ）ができないまま急に亡くなった場合には、信頼できるラマにポワをおこなってもらいます。ラマが近所にいらっしゃるなら、直接家に呼びますし、ラマが来られない場合には、遺族の誰かがラマのところに向かいます。

## 読経と香

患っていたペマが病の果てに亡くなったら、彼（彼女）が行く道に迷わず善い来世に向かうために、ラマにお経を唱えてもらいます。ペマやその家族が信頼するラマがいらっしゃるお寺（僧院）に物品・金銭・飾り・貴金属などの布施をし、大勢の僧侶に読経を依頼します。

一般的に、浄土のお祈り（『極楽請願文《ごくらくせいがんぶん》（デチェンモンラム）』）や『普賢行願讃《ふげんぎょうがんさん》』（ＣＤ収録）、『パルド・トゥードル』（第５章１１０頁参照）、あるいは宗派の祖師たちの書いたものを読みます。日本でも、葬儀の際に読むお経には宗派ごとの違いや傾向があるように、チベットでもゲルク派では『パルド・トゥードル』は読まず、ツォンカパ（第３章73頁参照）の『極楽請願文』を唱えます。

『普賢行願讃』というのは、日本ではあまり馴染みがないかもしれません。

しかし、『華厳経』といえば、ご存じの方も多いのではないでしょうか？　実は、『普賢行願讃』は『華厳経』「入法界品」の中に出てくる普賢菩薩の偈文《げもん》（詩）のことです。

奈良・東大寺の大仏は、この『華厳経』の教主・盧遮那仏《るしゃなぶつ》（毘盧遮那仏）ですから、実は日本人にもとても馴染み深いお経でもあるのです。実際、「お水取り」で有名な東大寺二月堂の「修二会」で唱えられる「懺悔文《さんげもん》」（我昔所造諸悪業《がしゃくしょぞうしょあくごう》　皆由無始貪瞋癡《かいゆむしとんじんち》　従身語意之所生《じゅうしんごいししょしょう》　一切我今皆懺悔《いっさいがこんかいさんげ》）は、この『普賢行願讃』の第八偈にあたります。

過去に犯してきた様々なあやまちを懺悔《さんげ》することで災いを絶ち、国土の安寧と幸福を祈る毎年の行事によって、知らず知らずのうちに私たち日本人もまた、この『普賢行願讃』の加護に預かっているといえるでしょう。

チベットでは、亡くなった人が生前犯した罪の許しを乞い、その人の来世の幸福を祈るために、『普賢行願讃*』を唱えるのです。

これらの読経は、遺族の希望に合わせて期間が決まります。（最長四十九日）

ペマの家では、四十九日の間、夜（冬：17時、夏：19時）には香（スル gsur：ツァンパ＝麦焦がしの中にバターを混ぜたもの）を焚きます。香炉やお線香を焚く容器（または赤い炭の上）にツァンパを入れて薫《かお》らせますが、これは、死者は香を食べるといわれているからです。「どうぞ召し上がれ」など、死者に語りかけるスルの特別なお経を唱えながら焚くことで、家族は愛する亡きペマを悼み供養します。

## 遺族のつとめ

友人のペマの遺体には白い布が掛けられています。

遺族は、亡くなったペマに対しても、いつも使っていたお茶碗に食事を盛り、家族が食事をするときに同じように出しています。

火葬の日取りを決めなくてはいけませんが、いつにしたら良いか、ペマの年齢や亡くなった日を調べ、占星術師に見てもらって日取りを決めます。日本でも葬儀の日に友引を避けますが、チベットでは故人にちなんだ特にふさわしい日を選ぶことになります。

もしも、３日後に火葬したら良い場合には、呼んでいるラマ方も3日間いて頂きます。灯明は、経済的な事情とあわせて普段より多く（１００本～１０００本）途切れないよう灯しておきます。

## 焼き場まで

火葬場は、街から遠く離れた山の方など、人のあまり住まないところにあります。

その場所までペマの遺体を運びますが、遺体運びを買って出てくれる男性が背負ったり、最近では車に乗せて運んだりします。３、４日後には死後硬直も解けますから、運びやすくなるようです。

ペマは裸で、運びやすいように結跏趺坐《けっかふざ》の形で手足を組み、草でできた紐で縛られ、シーツのような大きな白い一枚布で巻かれています。紐が植物製なのは火で燃やすからで、ゴム紐は使いません。もしも、車に乗せる場合には、結跏趺坐ではなく乗せやすい状態にしておきます。

もしもペマの家がお金持ちなら、遺族はペマの遺体を様々に飾り、ありったけの感謝を込めて、野辺の送りをするでしょう。

現在の日本とは違い、火葬場に行く人は限られていて、これも占星術によって決まります。家に呼んでいたラマ方は、火葬場に同行する方と、家に残るラマ方との二手に分かれます。

家にとどまった遺族は、読経を続ける僧侶のお世話をしながら、家で死者を悼みます。

## 火葬場にて

火葬場では、前日に井桁《いげた》ならぬ三角桁に組んだ薪を積み上げておきます。結跏趺坐をしたペマが入るくらいの大きさで、頭が隠れるくらいの高さまで積みます。

薪の中にペマを安置したら、いちばん縁の深い人が最下部に火を付けます。遺族やラマが薪を入れたり、油（バター）を注いだりして火の勢いの加減をしながら、固い物を残さないように、骨も灰になるまで焼きます。灰になるまで焼くのは、あとに述べる「サーツァ」を作るために、この灰が必要だからです。

この間、ラマが『極楽請願文』や、強力な観想の力で死者の罪を浄化する罪障浄化のためのお経を唱えたり、護摩を焚いたりします。

## サーツァ――灰で作った小さな仏

3時間くらいかけて、ペマの体が完全な灰になるまでの間、ラマはほとんど絶えることなく読経を続けています。

完全に人としての形がなくなりペマが灰になったあと、上澄《うわず》みの灰をそっと取り、もらって帰ります。上澄みなのは、火葬場は公共の施設なので、以前に焼かれた人の灰と混ざってしまわないようにするためです。残りの灰は、火葬場にそのまま残しておきます。

サーツァ（sa' tstsha）というのは、サンスクリットのチベット音写語です。原音ははっきりしませんが、チベット語ではツァツァ（tsha tsha）といいます。これは土と遺灰を混ぜて作った小さな仏塔や仏像のことです。高さ5センチ、横幅が4センチほどの塔や像を100以上（～300くらいまで）作り、固めるために火で焼いたあと、ラマに加持してもらいます。

これらを、亡くなったペマや遺族が好きな高所に持って行きます。環境が綺麗で空気が良く、水害や台風の被害を受けないしっかりしたところで、雨風を避ける岩穴の中などを選びます。丘の上や峠などの神聖な場所も良いようです。

日本だと、祖先とともに遺骨を墓地に埋葬することが多いわけですが、チベットでは、特に祖先と一緒とは限りませんし、特定の場所もないようです。土と遺灰で作ったサーツァはそのうち風化しますが、それで良いのです。

一時期、日本では故人やペットの遺灰をペンダントにして身につけることが話題になりましたが、チベット人はサーツァを身につけてずっと持っているということはほとんどありません。いずれ塵になり風になっていくのが、肉体を持ったものの自然な姿だと受け入れているからです。

**〈ミティが作った母のツァツァ〉**

サーツァについてゲシェラーから聞いた話がありました。10世紀頃にチベットに入った、密教にも通じた高名なインド人学匠、スムリティジュニャーナキールティ（ミティ）が作った、彼の母のツァツァの話です。

その当時のチベットは、インド僧を迎え仏教を護持した古代王朝の黄金期が終わり、王国も分裂し、仏教も衰退した時代だったといいます。こんな時期に、止めるまわりを振り切り、何としても再びチベットに仏教を広めようと固い決意を抱いたミティは、単身、チベットにやって来ました。

もう少しあとになると、再びインド人高僧がチベットに招かれ厚遇される時代が来るのですが、そのほんの少し前のことでした。

しかし、辿り着いた辺境の村は布教とはほど遠い環境だったばかりか、言葉すら通じません。そこで、ミティは自分の素性などは明かさず、ある家に頼み込み、住み込みの下働きをすることにしました。主人は粗野な男でしたが、ミティは文句も言わずよく働き、だんだんと主人の信頼を得ていったそうです。

ついにミティは、竈係《かまど》を任されました。一家の台所を任されたわけですから、重要な仕事です。

あるとき、薪をくべ火を起こしていると、竈の中に黒い小さな竈の虫がいたことに気づきました。ミティにはそれが母親の生まれ変わった姿であると瞬時にわかったのでしたが、すでに火は燃え盛り、その虫は炎に包まれてしまいました。

いつ焼かれるとも知れぬ竈のような場所でひっそり生きる虫に生まれ変わってしまったとしても、かつて母であった命を悼み、ミティは竈の中の灰を取り、土と混ぜてたくさんのツァツァを作りました。

それらを加持し、屋外の草の葉先にそっと載せると、落下することもなく葉先にのったままの無数のツァツァが、やがて一陣の風とともに天に舞い散って行きました。

「ツァ（rtswa）」（草）の先に似た、遺灰で作った小仏塔や仏像の「ツァツァ（tsha tsha）」が、たくさんの葉先となって風に揺れ舞い散っていく――そんな情景を、チベット語の掛け言葉の連想から初めて思い描くことのできたエピソードでした。

## 四十九日まで

縁のあったお寺に布施をして、幾百、幾千もの灯明《とうみょう》を上げてもらいます。日本の万灯会《まんどうえ》のように無数の灯明を、亡くなったペマのために灯してもらうのです。

家でも、灯明は四十九日間ずっと灯し続けておきます。また、ラマや密教行者（ンガッパ）を呼んで、特に臨終から最初の１週間は罪障浄化のためのお経を上げてもらいます。

遺族も毎日お経を唱えるほか、困っている人や貧しい人にできるだけお布施をして功徳を積み、死者に回向《えこう》します。

四十九日の間、ペマの家族は死者を悼むため、自分の髪の毛を洗わない、賑やかなところに行かないなど、身を慎んで喪に服します。

四十九日目に、ラマを呼んで再びお経を上げてもらいます。日本の四十九日法要に相当し、遺族も一緒にお経を上げます。

日本のように、一周忌、三回忌、七回忌……といった法要の決まりごとはありませんが、余裕のある人は毎年、亡くなった人の命日に、貧しい人びとや生きものに布施をすることで、故人に徳を振り向け、同時に生きとし生けるものの幸せを願うのです。

### 〈死者のために〉

『パルド・トゥードル』には、「他の場所でなら良いとしても、遺体の傍らで皆で慟哭《どうこく》したり、音を立てたり、嘆いたりしてはならない。哀願してはならない。皆でできる限りの善いおこないをするように心がけるべきである**」とあります。

死に接し、身も世もないほど嘆き悲しむのは、人として当然のことですが、亡くなった人を悼み、想う気持ちが強ければなおのこと、残された人びとは悲しむ代わりに他の生きもののためになるような善いおこないをすることが、死者への回向（功徳《くどく》を振り向けること）に繋がるといいます。嘆き、哀願するのではなく、その人に対する愛を語り続けて、最期の別れを告げることが必要なのです。

また、『パルド・トゥードル』にもとづく教えの権威者としても名高いソギャル・リンポチェは、急死したり非業の死を遂げた人は再生のプロセスを歩みにくいので、供養は熱心に強くおこなわなければならない、と説いています。
亡くなった人を悼み浄化する観想法——心に思い描いて供養する仕方について、リンポチェは次の方法を説いています。

「仏や聖なる存在からまばゆいばかりの光が放たれ、あわれみの心や加護を注ぐと観想しなさい。死者に降り注がれたこの光は、死の苦しみや惑乱を完全に浄化して死者を解き放ち、終わることのない深遠なる安らぎを与える。そのとき、死者は光へと溶け込み、癒され、すべての苦しみから解き放たれた死者の意識は、仏の智慧と永遠に融合したと一心に観想しなさい」[***]

このような情景をありありと思い描き、あたたかい光によって死者の苦しみがとりのぞかれ、穏やかに光へと溶け込む様子が自然に心に浮かぶまでくり返しおこなうとよいでしょう。

＊ 『普賢行願讃』は、本文で述べた通り『華厳経』「入法界品」の一部であり、漢訳された「四十巻品」の『華厳経』末尾に配された全62偈にわたる詩であるが（「四十巻品」では54偈まで）、特に東アジアでは、独立した経典として読誦されてきた。なお、『華厳経』漢訳には他に「六十巻品」と「八十巻品」があるが、『普賢行願讃』に相当する偈は、「六十巻品」は99偈半あり、「八十巻品」では内容がかなり異なる。

本書のCD収録（7～49頁）に掲載したチベット訳は、サンスクリット原文の4行詩（4句の偈）に形式を揃えて、9音節からなる4行詩になっているため、便宜的に各偈の冒頭に番号を付した。チベット訳は、「四十巻品」の漢訳相当偈よりも、サンスクリット原文に比較的よく一致している。

全体の内容は実際には、諸仏や仏国土をこの場所に顕現させる曼荼羅供養であり、目の前にありありと普賢菩薩や阿弥陀如来を思い浮かべることでその力に預かり、読誦する人や有縁の者たちの罪を浄め、この世を浄土と等しくしようとする誓願である。

具体的には、偈番号（1）～（12）が「七支分」といわれる修行で、①礼拝（五体投地）②供養（花、香、灯明などを捧げる）③懺悔（みずからのおこないを反省する）④随喜（人の善いおこないを喜ぶ）⑤勧請（教えを説いて下さることを主尊に請う）⑥祈願（師匠などに、衆生利益のため現世にとどまることを願う）⑦回向（①～⑥によって生じた善をほかの人や生きものにもふりむけ、みなが悟りを得るように願う）が説かれている。ことに（12）は、（11）までを受けた「回向」に相当する。（13）～（41）が普賢菩薩の誓願で、「四十巻品」にはそれが明記されているが、サンスクリット原文やチベット訳の（42）（43）を見ると、普賢菩薩のように願を立て行いたいと願う者の宣言であることがわかり、もともと独立していた普賢菩薩信仰者の誓願が『華厳経』と重なっていった経典成立の一端がうかがえる。（44）は文殊菩薩の誓願を成し遂げたいと願うもので、偈の流れからはやや唐突な印象を受ける。ただ、『華厳経』「入法界品」が、善哉童子という少年が文殊菩薩に導かれて様々な人（善知識）を訪ねて教えを受ける求法の物語であり、最後に童子が出会うのが普賢菩薩であることを思えば、（44）で文殊菩薩を讃嘆することで、「入法界品」としての統一性を保っているといえるかも知れない。（45）～（48）で、誓願の功徳は最上の供養よりも勝ることが説かれる。（49）以下は阿弥陀如来の讃歌となり、普賢菩薩の行願を成就することは文殊菩薩の行願を成就することに等しく、それこそが阿弥陀の浄土へつながる修行であることが説かれ、阿弥陀信仰と普賢菩薩信仰が、文殊菩薩を介して『華厳経』「入法界品」の中で絶妙に結び合っていく。(63)は、サンスクリット原文にはないチベット訳の付加で、回向文に相当しよう。

＊＊　『原典訳　チベットの死者の書』(川崎信定、ちくま学芸文庫、1993、158頁)、本書第5章コラム参照。

＊＊＊　ソギャル、前掲書、485頁。

# 付録2　六道輪廻図《りくどうりんねず》

## □鬼の抱えた輪廻の輪

チベット寺院の入り口脇の壁画に、大きな輪を抱いた鬼の絵をよく見かける。これが、六道輪廻図である（前頁図参照）。目を見開き牙を剥き輪に噛みついている鬼は、実はマハーカーラという仏教の護法尊で、インドの破壊と刷新の神・シヴァ神に由来する。

「マハーカーラ」はサンスクリット語であり、「偉大なる黒き〔もの〕」あるいは「偉大なる時間」を意味し、チベット語では「グンポ」という。チベット仏教では、観音菩薩の忿怒形、つまり叱らないとわからない衆生に対して立ち向かうときの姿とされている。

このマハーカーラが抱える輪が、輪廻の輪であり、中心に描かれた猪と蛇と鶏は、むさぼり（貪《とん》）・いかり（瞋《じん》）・おろかさ（痴《ち》）の象徴である。猪は食べても食べても食べ飽きることがなく、蛇は妬み深くいかりに燃え、鶏は3歩あるくとそれまでしていたことを忘れてしまうからだという。この3つの根本的な煩悩《ぼんのう》を「三毒」といい、この「三毒」が果てしなく続く輪廻の輪を回している。

山河や生きものの描かれた輪は6つの世界に分かれ、六道――（図の向かって左上から右回りに）人・天・修羅・餓鬼・地獄・畜生と呼ばれる。

## □六道

人――人間の住む世界には、家があり母がいて子がいる。愛にあふれ、あるいは別れに苦しむ人間たちが暮らしている。

天――育てなくても自然に実のなる樹には、豊かな実がたわわに実る。何の不自由もなく暮らせるが、天にも寿命があり、いのちの尽きる頃には五衰（天人五衰＝①今までまったく汚れることのなかった衣服に垢染《あかじ》みがつく、②頭の花飾りが萎《しお》れるようになる、③それまで芳香を放っていた体から、いやな匂いを放つようになる、④汗臭さなど微塵もなかったのに、脇の下に汗をかくようになる、⑤どんなに美しいものを見ても、聞いても、何をしても楽しめなくなる）があらわれる。

修羅――絶えず天を脅かし、天に勝って征服しようと戦いを挑み続けて止むことがない。心の中は荒れ、ひとときも安らぐことはない。

餓鬼――食べようとするものは火に変わり、飲もうとするものは血膿に変わり、飲食を摂《と》ろうとしても、喉が細すぎて何ものが通らない苦しみを味わう。

地獄――おこないのむごさに応じて、筆舌に尽くし難い苦しみを果てしない年月にわたって受け続ける。八熱地獄、八寒地獄などの各種があり、「阿鼻叫喚《あびきょうかん》」のもとになった阿鼻（avīci）地獄は八熱地獄の第八だが、極苦の地獄とされ苦しみに責めたてられることに絶え間がないことから無間《むけん》地獄ともいわれる。

畜生――もともとの意味は「人の傍らに生きるもの」。人間に養われ、使われ、あるいは食用とされる。仏教では、善いおこないをし、徳を積めば、天あるいは人や修羅に生まれ変わり、悪業を重ねれば三《さん》悪趣《あくしゅ》に生まれ変わるという。

天が一番良いように思えるが、天は楽しみが多過ぎて人生（天生というべきか）に疑問を抱くこともないため、悟ろうと思うことがない。人間の寿命からすれば恐ろしく長い時を楽しみ続けた果てに、五衰が訪れ、行く先を定めぬ輪廻がまた始まっていく。

それに較べれば、人は楽しみも苦しみも多いが、六道の中で唯一、「悟りを得る」というチャンスが与えられた世界でもある。人に生まれた今生でそのチャンスを生かせなければ、次にどこに生まれるのか、いつ人間に生まれ変われるのかさえ、もうわからない。この切迫感が、チベット仏教徒を解脱《げだつ》への修行に向かわせている。

## □六道のほとけ

この六道図の6つの世界それぞれに、「六尊のほとけ」（正しくは菩薩）が描き込まれている。この菩薩が観音菩薩である。

日本で「六道の能化《のうけ》」といえば地蔵菩薩をさすが、もとは六道に現れるのは観音菩薩であり、そこに生きる生きものたちにとって馴染みやすい姿に変化《へんげ》し、苦しみの境涯から救い出すのである。チベット人にとって観音菩薩は、心を向けてさえいれば、どの場所にも見出すことができる菩薩である。

六道図

# 死を超える力
## —チベット賢者の不滅の教え—

**著者紹介**
石川美恵（いしかわ みえ）
名古屋市生まれ。東洋大学大学院文学研究科仏教学専攻、博士後期課程満期退学。専門はチベット仏教。大学院生のとき、東洋文庫（東京都文京区）・文部省招聘研究員（当時）のゲシェー・テンパ・ゲンツェン師と出会う。以後、多くのチベット高僧方にも教えを受ける。専門の研究のほかVBAプログラミングのスキルを活かし、仏教伝道協会の助成金により、Excel VBAを用いて多言語対応仏教語彙検索ツールを作成。現在、ウェブ上で展開する仏教語の多言語対応ツールを開発中。東洋大学非常勤講師。東洋大学仏教青年会　チベット文献講読会講師。著書に『二巻本訳語釈　—和訳と注解—』（東洋文庫）他がある。

---

2018年5月6日　初版第1刷

〔著者〕
石川美恵

〔発行者〕
籠宮良治

〔発行所〕
太陽出版

東京都文京区本郷4-1-14　〒113-0033
TEL 03(3814)0471　FAX 03(3814)2366
http://www.taiyoshuppan.net
E-mail info@taiyoshuppan.net

---

装幀／DTP＝ケイエム・ファクトリー 宮島和幸
〔印刷／製本〕シナノ パブリッシング プレス
ISBN978-4-88469-930-7

# CD収録

## グル・リンポチェのマントラ
<『七行祈願文』『三世仏への祈願文』>

## ミラレパ讃歌

## 『普賢行願讃』

## ＜グル・リンポチェのマントラ 1＞

(ཚིག་བདུན་གསོལ་འདེབས། 七行祈願文)

ツィクドゥン・ソルデプ

「グル・リンポチェ」として尊崇されているパドマサンバヴァ（蓮華生）のマントラ（真言）を２編ご紹介する。チベット（特にニンマ派）で日常的に唱えられているもので、自分の目の前にグル・リンポチェを招き、その加護を願うマントラであるため、災厄消除に効験あらたかであるとされている。〈マントラ１〉のみを唱えてもよいし、特に災難を除きたいと願う場合は〈マントラ２〉とともに唱えるとよいという。

ཧཱུྃ༔ ཨོ་རྒྱན་ཡུལ་གྱི་ནུབ་བྱང་མཚམས༔

フーム　　オギェン・ユルギー・ヌプチャン・ツァム

フーム　　ウディヤーナ国の西北で

པདྨ་གེ་སར་སྡོང་པོ་ལ༔

ペマ・ケサル・ドンポ・ラ

蓮華のうてなに〔お生まれになって〕

ཡ་མཚན་མཆོག་གི་དངོས་གྲུབ་བརྙེས༔

ヤムツェン・チョクギー・ングードゥップ・ニェー

不可思議で最上のシッディ*を得た

པདྨ་འབྱུང་གནས་ཞེས་སུ་གྲགས༔

ペマ・ジュンネー・シェース・ダク
ペマジュンネー（蓮華に生まれた方）として名高い

འཁོར་དུ་མཁའ་འགྲོ་མང་པོས་བསྐོར༔

コルトゥ・カンドー・マンプー・コル
まわりを多くのダーキニーたちに囲まれた

ཁྱེད་ཀྱི་རྗེས་སུ་བདག་བསྒྲུབ་ཀྱི༔

キェーキ・ジェース・ダクドゥプ・キー
あなた〔がお説きになった〕通りに私が修行するよう

བྱིན་གྱིས་རློབས་ཕྱིར་གཤེགས་སུ་གསོལ༔　གུ་རུ་པདྨ་སིདྡྷི་ཧཱུྃ༔

チンギー・ロプチル・シェクスー・スェル　グル・ペマ・シッディー・フーム
加持を授けるためにいらっしゃって下さい　グル・ペマ・シッディ・フーム

＊ シッディとは「成就」のこと。修行によって特定の境地を得ること。
また、それによって得られた人並みはずれた能力のこと。

## ＜グル・リンポチェのマントラ 2＞

（དུས་གསུམ་སངས་རྒྱས་མ། 三世仏〔への祈願文〕）

トゥースム・サンギェーマ

དུས་གསུམ་སངས་རྒྱས་གུ་རུ་རིན་པོ་ཆེ༔

トゥースム・サンギェー・グル・リンポチェ

三世（現在・過去・未来）の仏であるグル・リンポチェ〔その方の〕

དངོས་གྲུབ་ཀུན་བདག་བདེ་བ་ཆེན་པོའི་ཞབས༔

ングードゥップ・クン・ダク・デワ・チェンプェー・シャプ

すべてのシッディの持ち主である大楽の御足〔にひれ伏し〕

བར་ཆད་ཀུན་སེལ་བདུད་འདུལ་དྲག་པོ་རྩལ༔

パルチェー・クンセル・ドゥードゥル・ダクポ・ツェル

あらゆる障害を取り除く、魔を調伏する忿怒のすがた〔に化したグル〕に

གསོལ་བ་འདེབས་སོ་བྱིན་གྱིས་བརླབ་ཏུ་གསོལ༔

スェルワ・デプソー・チンギー・ラプトゥ・スェル

お願い申し上げます。加持をお授け下さい

ཕྱི་ནང་གསང་བའི་བར་ཆད་ཞི་བ་དང་༔

チナン・サンワーイ・パルチェー・シワ・タン

外・内・秘密**の障害を鎮め

བསམ་པ་ལྷུན་གྱིས་འགྲུབ་པར་བྱིན་གྱིས་རློབས༔

サムパ・フンキー・ドゥプパル・チンギー・ロプ

望んだ通りに成るように加持をお授け下さい。

＊＊…「外」の障害とは、病気や一般の様々な災厄のこと。
「内」とは、肉眼では見えない（霊的なものを含む）障りのこと。
「秘密」とは、外・内の障害のもとになる我執や煩悩のこと。

## ＜ナーローパによるミラレパ讃歌＞

ゲシェラーから口伝えで教わり耳で覚え、意味を聞いたものを、のちに文字に起こしたため，他に伝わる伝承とは違うかも知れないが，ご寛恕願いたい。

བྱང་ཕྱོགས་མུན་པའི་སྨག་རུམ་ན།།
チャンチョー・ムンペー・マールムナ
北方、闇に閉ざされた昏い地の

གངས་ལ་ཉི་མ་ཤར་འདྲ་བའི།།
カンラ・ニマ・シャルダワーイ
雪山に太陽が昇るような

ཐོས་པ་དགའ་ཞེས་བྱ་བ་ཡི།།
トゥーパガー・シェチャワ・イ
トゥーパガー〔その声を、その名を「聞いて喜ぶ」〕といわれる

སྐྱེས་བུ་དེ་ལ་ཕྱག་འཚལ་ལོ།།
キープ・デラ・チャクツェーロー
その方に敬礼いたします

## ＜普賢行願讃＞

རྒྱ་གར་སྐད་དུ། ཨཱརྱ་བྷ་དྲ་ཙརྱ་པྲ་ཎི་དྷཱ་ན་རཱ་ཛ།

ギャカル・ケートゥ　アールヤバドラチャルヤプラニダーナラージャ

インドの言葉で、アールヤバドラチャルヤープラニダーナラージャ

（*Āryabhadracaryāpraṇidhānarāja* )

བོད་སྐད་དུ། འཕགས་པ་བཟང་པོ་སྤྱོད་པའི་སྨོན་ལམ་གྱི་རྒྱལ་པོ།

プー・ケートゥ・パクパ・サンポチューペー・ムンラムキ・ギャルポ

チベットの言葉で、パクパ・サンポチューペー・ムンラムキ・ギャルポ

(聖なる＜すぐれたおこない＞の誓願の王)

འཕགས་པ་འཇམ་དཔལ་གཞོན་ནུར་གྱུར་པ་ལ་ཕྱག་འཚལ་ལོ། །

パクパ・ジャンペルションヌル・ギュルパラ・チャクツェーロー

聖文殊菩薩に礼拝いたします。

（1）

ཇི་སྙེད་སུ་དག་ཕྱོགས་བཅུའི་འཇིག་རྟེན་ན། །

ジニェースター・チョクチューイ・ジクテンナ

あらん限りの十方世界に

དུས་གསུམ་གཤེགས་པ་མི་ཡི་སེང་གེ་ཀུན། །

トゥースムシェクパ・ミーイーセンゲー・クン

現在・過去・未来の三世にまします人の中の獅子たる方々

བདག་གིས་མ་ལུས་དེ་དག་ཐམས་ཅད་ལ།།

ダクキー・マルー・テタク・タムチェーラ

私は残らず彼らすべてに

ལུས་དང་ངག་ཡིད་དང་བས་ཕྱག་བགྱིའོ།།

ルータン・ンガーイ―タンウェー・チャクギーオー

純粋なからだとことばとこころ（身・口・意）で礼拝いたします

（2）

བཟང་པོ་སྤྱོད་པའི་སྨོན་ལམ་སྟོབས་དག་གིས།།

サンポ・チューペー・モンラム・トプタクキー

＜すぐれたおこない＞（普賢行）を成し遂げようと誓い願う力によって

རྒྱལ་བ་ཐམས་ཅད་ཡིད་ཀྱིས་མངོན་སུམ་དུ།།

ギャルワ・タムチェー・イーキー・ンゴンスムトゥ

煩悩に打ち勝ったほとけ（勝者）をこころにありありと

ཞིང་གི་རྡུལ་སྙེད་ལུས་རབ་བཏུད་པ་ཡིས།།

シンキー・ドゥルニェー・ルーラプトゥーパーイ―

仏国土の塵の数ほどあまたのからだをあらわして

རྒྱལ་བ་ཀུན་ལ་རབ་ཏུ་ཕྱག་འཚལ་ལོ།།

ギャルワ・クンラ・ラプトゥ・チャクツェーロー

すべてのほとけ（勝者）に心から礼拝いたします

（3）

རྡུལ་གཅིག་སྟེང་ན་རྡུལ་སྙེད་སངས་རྒྱས་རྣམས།།

ドゥルチクテンナ・ドゥルニェー・サンギェーナム

ひとつの塵の上にもさらにまた、塵の数ほどのほとけ方が

སངས་རྒྱས་སྲས་ཀྱི་དབུས་ན་བཞུགས་པ་དག།

サンギェー・セーキ・ウーナ・シュクパタク

菩薩（仏子）の真ん中に座っていらっしゃる

དེ་ལྟར་ཆོས་ཀྱི་དབྱིངས་རྣམས་མ་ལུས་པ།།

テンタルチューキ・インナム・マールーパ

そのように法界はあますところなく

ཐམས་ཅད་རྒྱལ་བ་དག་གིས་གང་བར་མོས།།

タムチェー・ギャルワダクキー・カンワルムー

ほとけ（勝者）に充ち満ちていると信じます

（4）

དེ་དག་བསྔགས་པ་མི་ཟད་རྒྱ་མཚོ་རྣམས།།

テタクンガクパ・ミセー・ギャムツォナム

尽きることのない讃嘆は海のよう

དབྱངས་ཀྱི་ཡན་ལག་རྒྱ་མཚོའི་སྒྲ་ཀུན་གྱིས།།

ヤンキーイェンラー・ギャムツゥー・ダークンギー

様々な旋律、海のように豊かなあらゆる音色で

རྒྱལ་བ་ཀུན་གྱི་ཡོན་ཏན་རབ་བརྗོད་ཅིང་།

ギャルワクンギー・ユンテン・ラプジューチン

すべてのほとけ（勝者）の功徳を述べあげ

བདེ་བར་གཤེགས་པ་ཐམས་ཅད་བདག་གིས་བསྟོད།།

デワルシェクパ・タムチェー・ダクキートゥー

あらゆるほとけ（如来）を私は褒め讃えます

（5）

མེ་ཏོག་དམ་པ་ཕྲེང་བ་དམ་པ་དང་།

メトータムパ・テンワタムパ・タン

美しい花の輪かざりをささげ

སིལ་སྙན་རྣམས་དང་བྱུག་པ་གདུགས་མཆོག་དང་།།

シルニェンナムタン・チュクパ・トゥクチョクタン

楽器をかなで香をぬり傘蓋をさしかけ

མར་མེ་མཆོག་དང་བདུག་སྤོས་དམ་པ་ཡིས།།

マルメチョクタン・トゥクプー・ダムパイー

極上の灯明ともっとも芳しいお香をそなえて

རྒྱལ་བ་དེ་དག་ལ་ནི་མཆོད་པར་བགྱི།།

ギャルワ・テタクラニ・チューパルギー

ほとけ（勝者）方に供養いたします

（6）

ན་བཟའ་དམ་པ་རྣམས་དང་དྲི་མཆོག་དང་།།

ナサー・ダムパナムタン・ディチョクタン

すばらしい衣装、妙なる香り

ཕྱེ་མ་ཕུར་མ་རི་རབ་མཉམ་པ་དང་།།

チェマプルマ・リラプ・ニャムパタン

抹香は須弥山と同じくらい高く積み

བཀོད་པ་ཁྱད་པར་འཕགས་པའི་མཆོག་ཀུན་གྱིས།།

クーパキェーパル・パクパーイ・チュークンギー

絶妙に配した至極の品々で

རྒྱལ་བ་དེ་དག་ལ་ནི་མཆོད་པར་བགྱི།།

ギャルワ・テタクラニ・チューパルギー

ほとけ（勝者）方に供養いたします

（7）

མཆོད་པ་གང་རྣམས་བླ་མེད་རྒྱ་ཆེ་བ།།

チューパカンナム・ラメー・ギャチェワ

この上なく広く大きい供養の品々

དེ་དག་རྒྱལ་བ་ཐམས་ཅད་ལ་ཡང་མོས།།

テタクギャルワ・タムチェーラ・ヤンムー

それらをすべてのほとけ（勝者）にも差し上げていると信じます

བཟང་པོ་སྤྱོད་ལ་དད་པའི་སྟོབས་དག་གིས།།
サンポチューラ・デーペー・トプダクキー
＜すぐれたおこない＞を信仰する力によって

རྒྱལ་བ་ཀུན་ལ་ཕྱག་འཚལ་མཆོད་པར་བགྱི།།
ギャルワクンラ・チャクツェル・チューパルギー
すべてのほとけ（勝者）方を礼拝し供養いたします

（8）
འདོད་ཆགས་ཞེ་སྡང་གཏི་མུག་དབང་གིས་ནི།།
ドゥーチャク・シェダン・ティムー・ワンキーニ
むさぼり（貪）・いかり（瞋）・おろかさ（癡）の力に負けてなすがまま

ལུས་དང་ངག་དང་དེ་བཞིན་ཡིད་ཀྱིས་ཀྱང་།།
ルータン・ンガクタン・テシンイーキーキャン
からだとことばと同じくこころでも

སྡིག་པ་བདག་གིས་བགྱིས་པ་ཅི་མཆིས་པ།།
ディッパダクキー・ギーパ・チチーパ
私がおかしたどのような罪があろうとも

དེ་དག་ཐམས་ཅད་བདག་གིས་སོ་སོར་བཤགས།།
テタクタムチェー・ダクキー・ソソルシャク
それらすべてを一つひとつ私が懺悔いたします

## (9)

ཕྱོགས་བཅུའི་རྒྱལ་བ་ཀུན་དང་སངས་རྒྱས་སྲས།།

チョクチューイ・ギャルワクンタン・サンギェーセー

十方すべてのほとけ（勝者）と菩薩（仏子）方

རང་རྒྱལ་རྣམས་དང་སློབ་དང་མི་སློབ་དང་།།

ランギャルナムタン・ロプタン・ミロプタン

独りみずからさとったほとけ（独覚）、修行中のもの（有学）や修行を終えてもはや学ぶべきことのないもの（無学）

འགྲོ་བ་ཀུན་གྱི་བསོད་ནམས་གང་ལ་ཡང་།།

ドーワクンギ・ソーナム・カンラヤン

いのちある（有情）すべてのものたちのどのような福徳であっても

དེ་དག་ཀུན་གྱི་རྗེས་སུ་བདག་ཡི་རང་།།

テタークンギ・ジェスー・ダクイーラン

すべてを私はありがたくうれしく（随喜）思います

## (10)

གང་རྣམས་ཕྱོགས་བཅུའི་འཇིག་རྟེན་སྒྲོན་མ་རྣམས།།

カンナムチョクチューイ・ジクテン・ドンマナム

十方の世界のともしびとなった方々は

བྱང་ཆུབ་རིམ་པར་སངས་རྒྱས་མ་ཆགས་བརྙེས།།

チャンチュプリムパル・サンギェー・マチャクニェー

さとりに到り、なんのとらわれもない

མགོན་པོ་དེ་དག་བདག་གིས་ཐམས་ཅད་ལ།།

グンポテタク・ダクキー・タムチェーラ
彼ら守護者たる主尊すべてに、私は

འཁོར་ལོ་བླ་ན་མེད་པ་བསྐོར་བར་བསྐུལ།།

コルロ・ラナメッパ・コルワルクル
この上ない教えの輪を回して下さるよう、お願い申し上げます

（11）

མྱ་ངན་འདའ་སྟོན་གང་བཞེད་དེ་དག་ལ།།

ニャンゲンダートン・カンシェー・テタクラ
涅槃に入ろうとなさっている方々に

འགྲོ་བ་ཀུན་ལ་ཕན་ཞིང་བདེ་བའི་ཕྱིར།།

ドーワクンラ・ペンシン・デーワイチル
あらゆるいのちあるもの（有情）を幸せに安らがせるため

བསྐལ་པ་ཞིང་གི་རྡུལ་སྙེད་བཞུགས་པར་ཡང་།

カルパシンギ・ドゥルニェー・シュクパルヤン
仏国土にある塵ほど長いとき（劫）にわたり、この世にとどまって下さるよう

བདག་གིས་ཐལ་མོ་རབ་སྦྱར་གསོལ་བར་བགྱི།།

ダクキー・テーモラプチャル・スルワルギー
私は合掌してお願い申し上げます

(12)

ཕྱག་འཚལ་བ་དང་མཆོད་ཅིང་བཤགས་པ་དང་།།

チャクツェルワタン・チューチン・シャクパタン

礼拝したり供養したり懺悔したり

རྗེས་སུ་ཡི་རང་བསྐུལ་ཞིང་གསོལ་བ་ཡི།།

ジェスーイーラン・クルシン・スルワイー

随喜したり法輪を回して下さいとお願いしたりしたような

དགེ་བ་ཅུང་ཟད་བདག་གིས་ཅི་བསགས་པ།།

ゲーワチュンセー・ダクキー・チーサクパ

私が積んだささやかな善さえ

ཐམས་ཅད་བདག་གིས་བྱང་ཆུབ་ཕྱིར་བསྔོའོ།། །།

タムチェーダクキー・チャンチュプ・チルンゴオー

すべてさとりを得るために、ふりむけ回向いたします

(13)

འདས་པའི་སངས་རྒྱས་རྣམས་དང་ཕྱོགས་བཅུ་ཡི།།

デーペーイ・サンギェーナムタン・チョクチュイー

過去のほとけや十方の

འཇིག་རྟེན་དག་ན་གང་བཞུགས་མཆོད་པར་གྱུར།།

ジクテンタクナ・カンシュク・チューパルギュル

世間にまします方々を供養いたしましょう

གང་ཡང་མ་བྱོན་དེ་དག་རབ་མྱུར་བར།།
カンヤン・マチョンテタク・ラプミュルワル
まだいらっしゃらない方々は、すみやかに

བསམ་རྫོགས་བྱང་ཆུབ་རིམ་པར་སངས་རྒྱས་སྤྱོན།།
サムゾク・チャンチュプリムパル・サンギェーチュン
こころの願いが叶えられ、さとりを得られますように

**(14)**
ཕྱོགས་བཅུ་ག་ལའི་ཞིང་རྣམས་ཇི་སྙེད་པ།།
チョクチュー・カラーイシンナム・ジニェーパ
十方にどれだけの国があろうとも

དེ་དག་རྒྱ་ཆེར་ཡོངས་སུ་དག་པར་གྱུར།།
テタクギャチェル・ヨンスータクパル・ギュル
それらが広く大きく清らかとなり

བྱང་ཆུབ་ཤིང་དབང་དྲུང་གཤེགས་རྒྱལ་བ་དང་།
チャンチュプ・シンワンドゥンシェク・ギャルワタン
菩提樹のもとにましますほとけ（勝者）と

སངས་རྒྱས་སྲས་ཀྱིས་རབ་ཏུ་གང་བར་ཤོག།
サンギェー・セーキーラプトゥ・カンワルショー
菩薩によってあまねく満たされますように

**(15)**

ཕྱོགས་བཅུའི་སེམས་ཅན་གང་རྣམས་ཇི་སྙེད་པ།།

チョクチューイ・セムチェンカンナム・ジニェーパ

十方にどれだけのいのちあるもの（有情）がいようとも

དེ་དག་རྟག་ཏུ་ནད་མེད་བདེ་བར་གྱུར།།

テタクタクトゥ・ネーメッ・デーワルギュル

彼らがまったく病にかからず安らいで

འགྲོ་བ་ཀུན་གྱི་ཆོས་ཀྱི་དོན་རྣམས་ནི།།

ドーワクンギー・チューキ・トゥンナムニ

いのちあるものが教えの利得を

མཐུན་པར་གྱུར་ཅིང་རེ་བའང་འགྲུབ་པར་ཤོག།

トゥンパルギュルチン・レーワアン・ドゥプパルショー

そなえますように、のぞみも叶いますように

**(16)**

བྱང་ཆུབ་སྤྱོད་པ་དག་ནི་བདག་སྤྱོད་ཅིང་།

チャンチュプ・チューパタクニ・ダクチューチン

私は菩薩行をおこない

འགྲོ་བ་ཀུན་ཏུ་སྐྱེ་བ་དྲན་པར་གྱུར།།

ドーワ・クントゥキェーワ・デンパルギュル

地獄・餓鬼・畜生・修羅・人・天の六趣（六道）
それぞれに生まれたことを思い出し

ཚེ་རབས་ཀུན་ཏུ་འཆི་འཕོ་སྐྱེ་བ་ན།།
ツェラプ・クントゥチーポ・キェーワーナ
あらゆる生涯で死んで去り、また生まれても

རྟག་ཏུ་བདག་ནི་རབ་ཏུ་འབྱུང་བར་ཤོག།
タクトゥダクニ・ラプトゥ・ジュンワルショー
常に私が仏道修行者と成れますように

(17)
རྒྱལ་བ་ཀུན་གྱི་རྗེས་སུ་སློབ་གྱུར་ཏེ།།
ギャルワ・クンキージェスー・ロプギュルテー
あらゆるほとけ（勝者）に従って学び

བཟང་པོ་སྤྱོད་པ་ཡོངས་སུ་རྫོགས་བྱེད་ཅིང་།
サンポチューパ・ヨンスー・ゾクチェーチン
＜すぐれたおこない＞をすっかり成し遂げ、

ཚུལ་ཁྲིམས་སྤྱོད་པ་དྲི་མེད་ཡོངས་དག་པ།
ツルティム・チューパディメー・ヨンタクパ
無垢で清らかに身をととのえる戒行を

རྟག་ཏུ་མ་ཉམས་སྐྱོན་མེད་སྤྱོད་པར་ཤོག།
タクトゥ・マニャムキョンメー・チューパルショー
いつでも損なわず間違わずおこなうことができますように

**(18)**

ལྷ་ཡི་སྐད་དང་ཀླུ་དང་གནོད་སྦྱིན་སྐད།།

ラハーイーケータン・ルータン・ヌーチンケー

天の言葉や龍や夜叉

གྲུལ་བུམ་དག་དང་མི་ཡི་སྐད་རྣམས་དང་།།

ドゥーブムタクタン・ミーイー・ケーナムタン

悪鬼（鳩槃荼《くばんだ》）や人のあらゆる言葉

འགྲོ་བ་ཀུན་གྱི་སྒྲ་རྣམས་ཇི་ཙམ་པར།།

ドーワクンギー・ダーナム・ジーツァムパル

あらん限りいのちあるものの言葉

ཐམས་ཅད་སྐད་དུ་བདག་གིས་ཆོས་བསྟན་ཏོ།།

タムチェーケートゥ・ダクキー・チューテントー

あらゆる言葉で私は教えを説きましょう

**(19)**

དེས་ཤིང་ཕ་རོལ་ཕྱིན་ལ་རབ་བརྩོན་ཏེ།།

テーシン・パールルチンラ・ラプツォンテー

よき波羅蜜に精進して

བྱང་ཆུབ་སེམས་ནི་ནམ་ཡང་བརྗེད་མ་གྱུར།།

チャンチュプセムニ・ナムヤン・ジェーマギュル

さとりを求めるこころ（菩提心）を決して忘れず

སྡིག་པ་གང་རྣམས་སྒྲིབ་པར་གྱུར་པ་དག།
ディクパカンナム・ディプパル・ギュルパタク
おかした罪がなんであれ、さわりとなるような

དེ་དག་མ་ལུས་ཡོངས་སུ་བྱང་བར་ཤོག།
テタクマールー・ヨンスー・チャンワルショー
それらを残らずすっかり浄められますように

**(20)**
ལས་དང་ཉོན་མོངས་བདུད་ཀྱི་ལས་རྣམས་ལས།།
レータン・ニョンモンドゥーキ・レーナムレー
悪いおこない（業）、煩悩、魔境から

གྲོལ་ཞིང་འཇིག་རྟེན་འགྲོ་བ་རྣམས་སུ་ཡང་།།
ドルシン・ジクテンドーワーナムス・ヤン
解き放たれ、どのような境遇にあろうとも

ཇི་ལྟར་པ་དྨོ་ཆུས་མི་ཆགས་པ་བཞིན།།
ジータルペモー・チューミー・チャクパシン
例えば、蓮華が泥水に汚れないように

ཉི་ཟླ་ནམ་མཁར་ཐོགས་པ་མེད་ལྟར་སྤྱད།།
ニダナムカル・トクパメータル・チェー
太陽や月が虚空に妨げられないように、
私も〔汚れず、妨げなく〕おこなえますように

(21)

ཞིང་གི་ཁྱོན་དང་ཕྱོགས་རྣམས་ཇི་ཙམ་པར།།

シンギーキュンタン・チョクナム・ジーツァムパル

どれほどの仏国土と方角があろうとも

ངན་སོང་སྡུག་བསྔལ་རབ་ཏུ་ཞི་བར་བྱེད།།

ンゲンソン・ドゥンゲルラプトゥ・シーワルチェー

悪い境遇（悪趣）の苦しみを鎮め

བདེ་བ་དག་ལ་འགྲོ་བ་ཀུན་འགོད་ཅིང་།།

デーワタクラ・ドーワ・クングーチン

安らぎをすべての生きものにもたらして

འགྲོ་བ་ཐམས་ཅད་ལ་ནི་ཕན་པར་སྤྱོད།།

ドーワ・タムチェーラニ・ペンパルチェー

あらゆるいのちあるものを幸せにいたします

(22)

བྱང་ཆུབ་སྤྱོད་པ་ཡོངས་སུ་རྫོགས་བྱེད་ཅིང་།།

チャンチュプチューパ・ヨンスー・ゾクチェーチン

菩薩行を成し遂げ

སེམས་ཅན་དག་གི་སྤྱོད་དང་མཐུན་པར་འཇུག།

セムチェンタクキー・チュータン・トゥンパルジュク

いのちあるものたちのおこないにかなう

བཟང་པོ་སྤྱོད་པ་དག་ནི་རབ་སྟོན་ཅིང་།།
サンポ・チューパタクニ・ラプトンチン
＜すぐれたおこない＞を説き示し

མ་འོངས་བསྐལ་པ་ཀུན་ཏུ་སྤྱོད་པར་གྱུར།།
マオン・カルパクントゥ・チューパルギュル
未来永劫にわたりおこなえますように

**(23)**
བདག་གི་སྤྱོད་དང་མཚུངས་པར་གང་སྤྱོད་པ།།
ダクキーチュータン・ツンパル・カンチューパ
私と同じようにおこなう仲間

དེ་དག་དང་ནི་རྟག་ཏུ་འགྲོགས་པར་ཤོག།
テタクタンニ・タクトゥ・ドクパルショー
彼らといつでも一緒にいられますように

ལུས་དང་ངག་རྣམས་དང་ནི་སེམས་ཀྱིས་ཀྱང་།།
ルータン・ンガクナムタンニ・セムキーキャン
からだやことばやこころでも

སྤྱོད་པ་དག་དང་སྨོན་ལམ་གཅིག་ཏུ་སྤྱད།།
チューパタクタン・ムンラム・チクトゥーチェー
おこないとねがい（行願）を一緒に行じます

(24)

བདག་ལ་ཕན་པར་འདོད་པའི་གྲོགས་པོ་དག།

ダクラ・ペンパルドゥーパーイ・ドクポタク

私の幸せを願っている友達、そういう

བཟང་པོ་སྤྱོད་པ་རབ་ཏུ་སྟོན་པ་རྣམས།།

サンポチューパ・ラプトゥ・トゥンパナム

＜すぐれたおこない＞を説くものたち

དེ་དག་དང་ཡང་རྟག་ཏུ་ཕྲད་པར་ཤོག།

テタクタンヤン・タクトゥ・テーパルショー

彼らともいつでも会うことができますように

དེ་དག་བདག་གིས་ནམ་ཡང་ཡིད་མི་དབྱུང་།།

テタク・ダクキーナムヤン・イーミーユン

彼らを私は決して失望させません

(25)

སངས་རྒྱས་སྲས་ཀྱིས་བསྐོར་བའི་མགོན་པོ་རྣམས།།

サンギェーセーキー・コルウェー・グンポナム

菩薩たちに囲まれている、主尊たるほとけに

མངོན་སུམ་རྟག་ཏུ་བདག་གིས་རྒྱལ་བ་བལྟ།།

ンゴンスムタクトゥ・ダクキー・ギャルワター

まのあたりにいつでも私はまみえ

མ་འོངས་བསྐལ་པ་ཀུན་ཏུ་མི་སྐྱོ་བར།།

マオン・カルパクントゥ・ミキョーワル

未来永劫にわたり飽きることなく

དེ་དག་ལ་ཡང་མཆོད་པ་རྒྱ་ཆེར་བགྱི།།

テタクラヤン・チューパ・ギャチェルギー

彼らにも広大なる供養をいたします

**(26)**

རྒྱལ་བ་རྣམས་ཀྱི་དམ་པའི་ཆོས་འཛིན་ཅིང་།།

ギャルワナムキー・タムパーイ・チュージンチン

ほとけ（勝者）の正しい教えをたもち

བྱང་ཆུབ་སྤྱོད་པ་ཀུན་ཏུ་སྣང་བར་བྱེད།།

チャンチュプチューパ・クントゥ・ナンワルチェー

菩薩行をいつでもあきらかに示し

བཟང་པོ་སྤྱོད་པ་རྣམ་པར་སྦྱོང་བ་ཡང་།།

サンポチューパ・ナムパルヂョンワ・ヤン

清らかな＜すぐれたおこない＞も

མ་འོངས་བསྐལ་པ་ཀུན་ཏུ་སྤྱོད་པར་བགྱི།།

マオンカルパ・クントゥ・チェーパルギー

未来永劫にわたりおこないます

**(27)**

སྲིད་པ་ཐམས་ཅད་དུ་ཡང་འཁོར་བ་ན།།

シーパ・タムチェートゥヤン・コルワナ

どのような生存に輪廻しようとも

བསོད་ནམས་ཡེ་ཤེས་དག་ནི་མི་ཟད་རྙེད།།

ソーナム・イェーシェータクニ・ミーセーニェー

尽きることのない福徳と智を得て

ཐབས་དང་ཤེས་རབ་ཏིང་འཛིན་རྣམ་ཐར་དང་།།

タプタン・シェーラプティンジン・ナムタルタン

方便、慧《え》、三昧、解脱をそなえ

ཡོན་ཏན་ཀུན་གྱི་མི་ཟད་མཛོད་དུ་གྱུར།།

ユンテンクンキー・ミーセー・ズートゥギュル

あらゆる功徳の尽くせぬ蔵《くら》となりますように

**(28)**

རྡུལ་གཅིག་སྟེང་ན་རྡུལ་སྙེད་ཞིང་རྣམས་ཏེ།།

ドゥルチクテンナ・ドゥルニェー・シンナムテー

ひとつの塵の上に数えきれないほどの仏国土があり

ཞིང་དེར་བསམ་གྱིས་མི་ཁྱབ་སངས་རྒྱས་རྣམས།།

シンテル・サムキーミキャプ・サンギェーナム

一つひとつの仏国土に思いも及ばないほど多くのほとけが

སངས་རྒྱས་སྲས་ཀྱི་དབུས་ན་བཞུགས་པ་ལ།།
サンギェーセーキ・ウーナ・シュクパラ
菩薩たちの真ん中にましますのを

བྱང་ཆུབ་སྤྱོད་པ་སྤྱོད་ཅིང་བལྟ་བར་བགྱི།།
チャンチュプチェーパ・チューチン・タワルギー
〔私は〕菩薩行をおこないながら見ております

(29)
དེ་ལྟར་མ་ལུས་ཐམས་ཅད་ཕྱོགས་སུ་ཡང་།།
テンタル・マルータムチェー・チョクスーヤン
このように残らずあらゆる方向にも

སྐྲ་ཙམ་ཁྱོན་ལ་དུས་གསུམ་ཚད་སྙེད་ཀྱི།།
タツァムキュンラ・トゥースム・ツェーニェーキ
髪の毛の先ほどの広さにあらん限りの三世の

སངས་རྒྱས་རྒྱ་མཚོ་ཞིང་རྣམས་རྒྱ་མཚོ་དང་།།
サンギェー・ギャツォシンナム・ギャツォタン
海のように多くのほとけと、海のような仏国土があるのを見ながら

བསྐལ་པ་རྒྱ་མཚོར་སྤྱོད་ཅིང་རབ་ཏུ་འཇུག།
カルパギャツォル・チューチン・ラプトゥジュク
海のような劫にわたり、菩薩行をおこないながら進みます

**(30)**

གསུང་གཅིག་ཡན་ལག་རྒྱ་མཚོའི་སྒྲ་ཀུན་གྱིས།།
スンチクイェンラー・ギャツゥー・ダークンギー
ひとつの御言葉が、海のようなあらゆる音声より成り

རྒྱལ་བ་ཀུན་དབྱངས་ཡན་ལག་རྣམ་དག་པ།།
ギャルワクンヤン・イェンラー・ナムタクパ
すべてのほとけ（勝者）の音節は清らか

འགྲོ་བ་ཀུན་གྱི་བསམ་པ་ཇི་བཞིན་དབྱངས།།
ドーワクンギー・サムパ・ジーシンヤン
すべてのいのちあるものの想いにかなった声を得て

སངས་རྒྱས་གསུང་ལ་རྟག་ཏུ་འཇུག་པར་བགྱི།།
サンギェースンラ・タクトゥ・ジュッパルギー
ほとけの御言葉をいつでも私はそなえるでしょう

**(31)**

དུས་གསུམ་གཤེགས་པའི་རྒྱལ་བ་ཐམས་ཅད་དག།
トゥースムシェクペー・ギャルワ・タムチェータク
三世にましますあらゆるほとけ（勝者）方は

འཁོར་ལོའི་ཚུལ་རྣམས་རབ་ཏུ་བསྐོར་བ་ཡི།།
コルロゥー・ツルナム・ラプトゥコルワイー
法輪の巧みな手立てをよく回し

དེ་དག་གི་ཡང་གསུང་དབྱངས་མི་ཟད་ལ།།
テダクキーヤン・スンヤン・ミセーラ
彼らの教えの御言葉も尽きることなく

བློ་ཡི་སྟོབས་ཀྱིས་བདག་ཀྱང་རབ་ཏུ་འཇུག།
ローイー・トプキーダクキャン・ラプトゥンジュク
知の力によって私もまた入りますように

(32)

མ་འོངས་བསྐལ་པ་ཐམས་ཅད་འཇུག་པར་ཡང་།།
マオンカルパ・タムチェー・ジュッパルヤン
未来のあらゆる劫に

སྐད་ཅིག་གཅིག་གིས་བདག་ཀྱང་འཇུག་པར་བགྱི།།
ケーチクチクキー・ダクキャン・ジュッパルギー
刹那に私も入りましょう

གང་ཡང་བསྐལ་པ་དུས་གསུམ་ཚད་དེ་དག།
カンヤン・カルパトゥースム・ツェーテタク
あらん限りの三世の劫に

སྐད་ཅིག་ཆ་ཤས་ཀྱིས་ནི་ཞུགས་པར་སྤྱད།།
ケーチク・チャシェーキーニ・シュクパルチェー
刹那に入りおこないます

(33)

དུས་གསུམ་གཤེགས་པ་མི་ཡི་སེང་གེ་གང་།།

トゥースム・シェクパミーイー・センゲーカン

三世にまします人の中の獅子たる方々

དེ་དག་སྐད་ཅིག་གཅིག་ལ་བདག་གིས་བལྟ།།

テタク・ケーチクチクラ・ダクキータ

彼らを瞬時に私は見ます

རྟག་ཏུ་དེ་དག་གི་ནི་སྤྱོད་ཡུལ་ལ།།

タクトゥ・テタクキーニ・チューユルラ

いつでも彼らの境地に

སྒྱུ་མར་གྱུར་པའི་རྣམ་ཐར་སྟོབས་ཀྱིས་འཇུག།

ギュマル・ギュルペーナムタル・トプキージュク

幻のような解脱の力によって入ります

(34)

གང་ཡང་དུས་གསུམ་དག་གི་ཞིང་བཀོད་པ།།

カンヤン・トゥースムタクキ・シンクーパ

あらん限りの三世の荘厳なる仏国土を

དེ་དག་རྡུལ་གཅིག་སྟེང་དུ་མངོན་པར་བསྒྲུབ།།

テタク・ドゥルチクテントゥ・ンゴンパルドゥプ

ひとつの塵の上に出現させます

དེ་ལྟར་མ་ལུས་ཕྱོགས་རྣམས་ཐམས་ཅད་དུ།།
テンタル・マルーチョクナム・タムチェートゥ
同様に、残らずあらゆる方角に出現させた

རྒྱལ་བ་དག་གི་ཞིང་རྣམས་བཀོད་ལ་འཇུག།
ギャルワタクキー・シンナム・クーラジュク
ほとけ（勝者）方の荘厳なる仏国土に入ります

**(35)**

གང་ཡང་མ་བྱོན་འཇིག་རྟེན་སྒྲོན་མ་རྣམས།།
カンヤンマチョン・ジクテン・ドンマナム
あらん限りの未来の世間のともしび（ほとけ）が

དེ་དག་རིམ་པར་འཚང་རྒྱ་འཁོར་ལོ་བསྐོར།།
テタクリムパル・ツァンギャ・コルローコル
さとって教えの輪を回し

མྱ་ངན་འདས་པ་རབ་ཏུ་ཞི་མཐའ་སྟོན།།
ニャゲンデーパ・ラプトゥ・シータルトン
涅《ね》槃《はん》寂《じゃく》静《じょう》をお示し下さる

མགོན་པོ་ཀུན་གྱི་དྲུང་དུ་བདག་མཆིའོ།།
グンポクンギー・ドゥントゥ・ダクチーオー
すべての主尊の御前で私は礼拝いたします

(36)

ཀུན་ཏུ་མྱུར་བའི་རྫུ་འཕྲུལ་སྟོབས་རྣམས་དང་།།

クントゥニュルウェー・ズントゥル・トプナムタン

あまねくすみやかな神通力と

ཀུན་ནས་སྒོ་ཡི་ཐེག་པའི་སྟོབས་དག་དང་།།

クンネーゴーイー・テクペー・トプタクタン

あまねく向かう乗の力と

ཀུན་ཏུ་ཡོན་ཏན་སྤྱོད་པའི་སྟོབས་རྣམས་དང་།།

クントゥユンテン・チューペー・トプナムタン

あまねく功徳ある行の力と

ཀུན་ཏུ་ཁྱབ་པ་བྱམས་པ་དག་གི་སྟོབས།།

クントゥキャプパ・チャムパ・タクキートプ

あまねく満ちる慈の力と

(37)

ཀུན་ནས་དགེ་བའི་བསོད་ནམས་སྟོབས་དག་དང་།།

クンネーゲーウェー・ソーナム・トプタクタン

どこから見ても善なる福徳の力と

ཆགས་པ་མེད་པར་འགྱུར་པའི་ཡེ་ཤེས་སྟོབས།།

チャクパメーパル・ギュルペー・イェシェートプ

とらわれることのない智の力

ཤེས་རབ་ཐབས་དང་ཏིང་འཛིན་སྟོབས་དག་གིས།།

シェーラプタプタン・ティンジン・トプタクキー

慧と方便と三昧の力によって

བྱང་ཆུབ་སྟོབས་རྣམས་ཡང་དག་སྒྲུབ་པར་བྱེད།།

チャンチュプトプナム・ヤンタク・ドゥッパルチェー

さとりの力を成就いたします

**(38)**

ལས་ཀྱི་སྟོབས་རྣམས་ཡོངས་སུ་དག་བྱེད་ཅིང་།།

レーキトプナム・ヨンス・タクチェーチン

業の力をすっきり清め

ཉོན་མོངས་སྟོབས་རྣམས་ཀུན་དུ་འཇོམས་པར་བྱེད།།

ニョンモントプナム・クントゥ・ジョムパルチェー

煩悩の力をすっかり打ち破り

བདུད་ཀྱི་སྟོབས་རྣམས་སྟོབས་མེད་རབ་བྱེད་ཅིང་།།

ドゥーキトプナム・トプメー・ラプチェーチン

悪魔の力を骨抜きにして

བཟང་པོ་སྤྱོད་པའི་སྟོབས་ནི་རྫོགས་པར་བགྱི།།

サンポチューペー・トプニ・ゾクパルギー

＜すぐれたおこない＞の力を完成いたします

**(39)**

ཞིང་རྣམས་རྒྱ་མཚོ་རྣམ་པར་དག་བྱེད་ཅིང་།།
シンナムギャツォ・ナムパルタク・チェーチン
海のようにあまたある仏国土を清め

སེམས་ཅན་རྒྱ་མཚོ་དག་ནི་རྣམ་པར་དགྲོལ།།
セムチェン・ギャツォタクニ・ナムパルドル
海のように限りないいのちあるものたちを解脱させ

ཆོས་རྣམས་རྒྱ་མཚོ་རབ་ཏུ་མཐོང་བྱེད་ཅིང་།།
チューナムギャツォ・ラプトゥ・トンチェーチン
海のようにあまたの法をしっかり見て

ཡེ་ཤེས་རྒྱ་མཚོ་རབ་ཏུ་རྟོགས་པར་བྱེད།།
イェシェーギャツォ・ラプトゥ・トクパルチェー
海のような智をすっかり理解いたします

**(40)**

སྤྱོད་པ་རྒྱ་མཚོ་རྣམ་པར་དག་བྱེད་ཅིང་།།
チューパギャツォ・ナムパル・タクチェーチン
海のようなおこないを清め

སྨོན་ལམ་རྒྱ་མཚོ་ཡོངས་སུ་རྫོགས་པར་བྱེད།།
ムンラムギャツォ・ヨンス・ゾクパルチェー
海のような誓願を完成し

སངས་རྒྱས་རྒྱ་མཚོ་རབ་ཏུ་མཆོད་བྱེད་ཅིང་།།
サンギェーギャツォ・ラプトゥ・チューチェーチン
海のようなほとけにこころを込めて供養し

བསྐལ་པ་རྒྱ་མཚོར་མི་སྐྱོ་སྤྱོད་པར་བགྱི།།
カルパギャツォル・ミキョ・チェーパルギー
海のようにはるかなとき（劫）が流れようと
飽きることなくおこないます

（41）
གང་ཡང་དུས་གསུམ་གཤེགས་པ་རྒྱལ་བ་ཡི།།
カンヤン・トゥースムシェクパ・ギャルワーイー
三世にましますほとけ（勝者）方の

བྱང་ཆུབ་སྤྱོད་པའི་སྨོན་ལམ་བྱེ་བྲག་རྣམས།།
チャンチュプチューパイ・ムンラム・チェダクナム
特別な菩薩行の誓願がどれだけあろうとも

བཟང་པོ་སྤྱོད་པས་བྱང་ཆུབ་སངས་རྒྱས་ནས།།
サンポチューペー・チャンチュプ・サンギェーネー
＜すぐれたおこない＞によってさとりを得てから

དེ་ཀུན་བདག་གིས་མ་ལུས་རྫོགས་པར་བགྱི།།
テクンダクキー・マルー・ゾクパルギー
それら誓願のすべてを私が残らず成し遂げます

(42)

རྒྱལ་བ་ཀུན་གྱི་སྲས་ཀྱི་ཐུ་བོ་པ།།

ギャルワクンギー・セーキ・トゥウォパ

あらゆるほとけの長子

གང་གི་མིང་ནི་ཀུན་ཏུ་བཟང་ཞེས་བྱ།།

カンギーミンニ・クントゥサン・シェーチャ

その名は「普賢」という

མཁས་པ་དེ་དང་མཚུངས་པར་སྤྱད་པའི་ཕྱིར།།

ケーパテタン・ツンパル・チェーパイチル

その賢者（普賢）と同じようにおこなうために

དགེ་བ་འདི་དག་ཐམས་ཅད་རབ་ཏུ་བསྔོ།།

ゲーワディータク・タムチェー・ラプトゥンゴー

これらの善すべてをふりむけ回向いたします

(43)

ལུས་དང་ངག་དང་ཡིད་ཀྱང་རྣམ་དག་ཅིང་།།

ルータンンガータン・イーキャン・ナムタクチン

からだとことばとこころも清らかで、

སྤྱོད་པ་རྣམ་དག་ཞིང་རྣམས་ཡོངས་དག་དང་།།

チューパナムタク・シンナム・ヨンタクタン

おこない、仏国土もすみずみまで清らか

བསྔོ་བ་བཟང་པོ་མཁས་པ་ཅི་འདྲ་བ།།

ンゴーワサンポ・ケーパ・チダーワ

このようにすぐれた賢者（普賢菩薩）の回向と同じように

དེ་འདྲར་བདག་ཀྱང་དེ་དང་མཚུངས་པར་ཤོག།

テンダルダクキャン・テタン・ツンパルショー

そのまま私もそれと同じになりますように

（44）

ཀུན་ནས་དགེ་བ་བཟང་པོ་སྤྱོད་པའི་ཕྱིར།།

クンネーゲーワ・サンポチェーパイ・チル

あらゆる点から善なる＜すぐれたおこない＞のために

འཇམ་དཔལ་གྱི་ནི་སྨོན་ལམ་སྤྱོད་པར་བགྱི།།

ジャムペ—ギーニ・ムンラム・チェーパルギー

文殊菩薩の誓願をおこないます

མ་འོངས་བསྐལ་པ་ཀུན་ཏུ་མི་སྐྱོ་བར།།

マオンカルパ・クントゥ・ミキョワル

未来永劫にわたり飽きることなく

དེ་ཡི་བྱ་བ་མ་ལུས་རྫོགས་པར་བགྱི།།

テーイーチャワ・マルー・ゾクパルギー

そのおこない（文殊の誓願）を残らず完成いたします

**(45)**

སྤྱོད་པ་དག་ནི་ཚད་ཡོད་མ་གྱུར་ཅིག།

チューパタクニ・ツェーユー・マーギュルチク

はかり知れないおこないができて

ཡོན་ཏན་རྣམས་ཀྱང་ཚད་བཟུང་མེད་པར་ཤོག

ユンテンナムキャン・ツェースン・メーパルショー

はかり知れない功徳が得られますように

སྤྱོད་པ་ཚད་མེད་པ་ལ་གནས་ནས་ཀྱང་།།

チューパ・ツェーメーパラ・ネーネーキャン

はかり知れないおこないのなかでも

དེ་དག་འཕྲུལ་པ་ཐམས་ཅད་འཚལ་བར་བགྱི།།

テタク・トゥルパタムチェー・ツェルワルギー

それらのあらゆる神通を自在に知ることができますように

**(46)**

ནམ་མཁའི་མཐར་ཐུག་གྱུར་པ་ཇི་ཙམ་པར།།

ナムカーイ・タルトゥーギュルパ・ジーツァムパル

はるか虚空の果てほどに

སེམས་ཅན་མ་ལུས་མཐའ་ཡང་དེ་བཞིན་ཏེ།།

セムチェン・マルーターヤン・テーシンテー

いのちあるものの果ても同じよう

ཇི་ཙམ་ལས་དང་ཉོན་མོངས་མཐར་གྱུར་པ།།
ジーツァムレータン・ニョンモン・タルギュルパ
業と煩悩の果てもそのくらい

བདག་གི་སྨོན་ལམ་མཐའ་ཡང་དེ་ཙམ་མོ།།
ダクキームンラム・ターヤン・テーツァムモー
わが誓い（誓願）もそれほど果てしないのです

（47）
གང་ཡང་ཕྱོགས་བཅུའི་ཞིང་རྣམས་མཐའ་ཡས་པ།།
カンヤン・チョクチューイ・シンナムタイェーパ
あらん限り十方の限りない仏国土を

རིན་ཆེན་བརྒྱན་ཏེ་རྒྱལ་བ་རྣམས་ལ་ཕུལ།།
リンチェンギェンテー・ギャルワナムラ・プル
宝で飾ってほとけ（勝者）方に差し上げ

ལྷ་དང་མི་ཡི་བདེ་བའི་མཆོག་རྣམས་ཀྱང་།།
ラハータン・ミイー・デーワーイ・チョクナムキャン
さらに、天上と人の最上の安楽を

ཞིང་གི་རྡུལ་སྙེད་བསྐལ་པར་ཕུལ་བ་བས།།
シンギードゥルニェー・カルパル・プルワウェー
仏国土の塵ほど多くのとき（劫）にわたって差し上げ続けることよりも

(48)

གང་གིས་བསྔོ་བའི་རྒྱལ་པོ་འདི་ཐོས་ནས།།

カンギー・ンゴーウェーギャルポ・ディトゥーネー

誰かがこの回向の王（＝普賢の誓願）を聞いて

བྱང་ཆུབ་མཆོག་གི་རྗེས་སུ་རབ་མོས་ཤིང་།།

チャンチュプ・チョクキージェスー・ラプムーシン

最上のさとりを深く願い

ལན་ཅིག་ཙམ་ཡང་དད་པ་སྐྱེད་པ་ན།།

レンチク・ツァムヤンデーパ・キェーパナ

一度でも信じる心を起こしたら

བསོད་ནམས་དམ་པའི་མཆོག་ཏུ་འདི་འགྱུར་རོ།།

ソーナム・タムパイチョクトゥ・ディギュルロー

その福徳は至上のものになるでしょう

(49)

གང་གིས་བཟང་སྤྱོད་སྨོན་ལམ་འདི་བཏབ་པས།།

カンキーサンチュー・ムンラム・ディタプペー

誰かがこの『普賢行願讃』を唱え祈ったなら

དེས་ནི་ངན་སོང་ཐམས་ཅད་སྤོང་བར་འགྱུར།།

テーニンゲンソン・タムチェー・パンワルギュル

その人はあらゆる悪い境涯（悪趣）を捨てるでしょう

དེས་ནི་གྲོགས་པོ་ངན་པ་སྤངས་པ་ཡིན།།
テーニドクポ・ンゲンパ・パンパイン
悪友を捨てるでしょう

སྣང་བ་མཐའ་ཡས་དེ་ཡང་དེས་མྱུར་མཐོང་།།
ナンワタイェー・テヤン・テーニュルトン
そして、すみやかに阿弥陀如来にまみえるでしょう

（50）
དེ་དག་རྙེད་པ་རབ་རྙེད་བདེ་བར་འཚོ།།
テタクニェーパ・ラプニェー・デーワルツォ
彼らは豊かに安らいで暮らすでしょう

མི་ཚེ་འདིར་ཡང་དེ་དག་ལེགས་པར་འོང་།།
ミツェーディルヤン・テタク・レクパルオン
人として再び生まれても、喜んで迎えられるでしょう

ཀུན་ཏུ་བཟང་པོ་དེ་ཡང་ཅི་འདྲ་བར།།
クントゥサンポ・テヤン・チダーワル
普賢菩薩とそっくり同じに

དེ་དག་རིང་པོར་མི་ཐོགས་དེ་བཞིན་འགྱུར།།
テタクリンポル・ミトク・テーシンギュル
彼らはほどなく成るでしょう

**(51)**

མཚམས་མེད་ལྔ་པོ་དག་གི་སྡིག་པ་རྣམས།།

ツァムメー・ンガーポタクキー・ディクパナム

母や父、さとりを得たひと（阿羅漢）を殺し、
僧団の和を破り、ほとけのからだを傷つける五無間罪を、

གང་གི་མི་ཤེས་དབང་གིས་བྱས་པ་དག།

カンキーミシェー・ワンギー・チェーパタク

無知ゆえにおかした人が

དེ་ཡིས་བཟང་པོ་སྤྱོད་པ་འདི་བརྗོད་ན།།

テーイーサンポ・チューパ・ディジューナ

この『普賢行願讃』を唱えたら

མྱུར་དུ་མ་ལུས་ཡོངས་སུ་བྱང་བར་འགྱུར།།

ミュルトゥマルー・ヨンス・チャンワルギュル

すみやかに残らず罪を浄めることができるでしょう

**(52)**

ཡེ་ཤེས་དང་ནི་གཟུགས་དང་མཚན་རྣམས་དང་།།

イェシェータンニ・スクタン・ツェンナムタン

智慧、美しい姿、好ましい特徴、

རིགས་དང་ཁ་དོག་རྣམས་དང་ལྡན་པར་འགྱུར།།

リクタン・カトーナムタン・デンパルギュル

高い身分、家柄をそなえるでしょう

བདུད་དང་མུ་སྟེགས་མང་པོས་དེ་མི་ཐུབ།།

ドゥータン・ムテクマンプー・テミトゥプ

あまたの悪魔や異教徒に負けず

འཇིག་རྟེན་གསུམ་པོ་ཀུན་ནའང་མཆོད་པར་འགྱུར།།

ジクテンスムポ・クンナーアン・チューパルギュル

三界のどこにいようとも供養されるでしょう

(53)

བྱང་ཆུབ་ཤིང་དབང་དྲུང་དུ་དེ་མྱུར་འགྲོ།།

チャンチュプシンワン・ドゥンドゥ・テニュルドー

菩提樹のもとに、その人がすみやかに向かい

སོང་ནས་སེམས་ཅན་ཕན་ཕྱིར་དེར་འདུག་སྟེ།།

ソンネー・セムチェンペンチル・テルドゥクテー

いのちあるもののためにそこに座り

བྱང་ཆུབ་སངས་རྒྱས་འཁོར་ལོ་རབ་ཏུ་བསྐོར།།

チャンチュプサンギェー・コルロー・ラプトゥコル

さとりを得て教えの輪を回し

བདུད་རྣམས་སྡེ་དང་བཅས་པ་ཐམས་ཅད་བདུལ།།

ドゥーナム・データンチェーパ・タムチェートゥル

ありとあらゆる悪魔とその軍勢を打ち破るでしょう

**(54)**

གང་ཡང་བཟང་པོ་སྤྱོད་པའི་སྨོན་ལམ་འདི།།

カンヤン・サンポチューペー・ムンラムディ

誰かがこの『普賢行願讃』を

འཆང་བ་དང་ནི་སྟོན་དམ་ཀློག་པ་ཡི།།

チャンワタンニ・トンタム・ロクパイー

たもち、説き、唱えるならば

དེ་ཡི་རྣམ་པར་སྨིན་པ་སངས་རྒྱས་མཁྱེན།།

テーイー・ナムパルミンパ・サンギェーキェン

その報われたみのりを、ほとけはごらんになるでしょう

བྱང་ཆུབ་མཆོག་ལ་སོམ་ཉི་མ་བྱེད་ཅིག།

チャンチュプ・チョクラ・ソムニマチェーチク

このように最もすぐれたさとりを得ることを、疑ってはなりません

**(55)**

འཇམ་དཔལ་དཔའ་བོས་ཇི་ལྟར་མཁྱེན་པ་དང་།།

ジャムペルパーウェー・ジンタル・キェンパータン

勇ましい文殊菩薩がお見通しの通りに

ཀུན་ཏུ་བཟང་པོ་དེ་ཡང་དེ་བཞིན་ཏེ།།

クントゥサンポ・テヤン・テーシンテー

普賢菩薩もまた同じようにご存じでいらっしゃる

དེ་དག་ཀུན་གྱི་རྗེས་སུ་བདག་སློབ་ཅིང་།།
テタククンキー・ジェスー・ダクロプチン
お二方に従って私は学び、

དགེ་བ་འདི་དག་ཐམས་ཅད་རབ་ཏུ་བསྔོ།།
ゲーワディタク・タムチェー・ラプトゥンゴー
これらのすべての善をふりむけ回向いたします

**(56)**
དུས་གསུམ་གཤེགས་པ་རྒྱལ་བ་ཐམས་ཅད་ཀྱིས།།
ドゥースムシェクパ・ギャルワ・タムチェーキー
三世にましますあらゆるほとけ（勝者）方は

བསྔོ་བ་གང་ལ་མཆོག་ཏུ་བསྔགས་པ་དེས།།
ンゴーワカンラ・チョクトゥ・ンガクパデー
善の回向を「何よりも素晴らしい！」と褒め讃えました。ですから

བདག་གི་དགེ་བའི་རྩ་བ་འདི་ཀུན་ཀྱང་།།
ダクキー・ゲーウェーツァワ・ディークンキャン
私のこの善を生じるもと（善根）もすべて

བཟང་པོ་སྤྱོད་ཕྱིར་རབ་ཏུ་བསྔོ་བར་བགྱི།།
サンポチューチル・ラプトゥ・ンゴーワルギー
＜すぐれたおこない＞のためにふりむけ回向いたします

**(57)**

བདག་ནི་འཆི་བའི་དུས་བྱེད་གྱུར་པ་ན།།

ダクニ・チウェードゥーチェー・ギュルパナ

私が死ぬときには

སྒྲིབ་པ་ཐམས་ཅད་དག་ནི་ཕྱིར་བསལ་ཏེ།།

ディプパ・タムチェータクニ・チルセルテー

あらゆる障害を取り除き

མངོན་སུམ་སྣང་བ་མཐའ་ཡས་དེ་མཐོང་ནས།།

ンゴンスムナンワ・タイェー・デートンネー

まのあたりに阿弥陀如来に拝顔し

བདེ་བ་ཅན་གྱི་ཞིང་དེར་རབ་ཏུ་འགྲོ།།

デワチェンギー・シンデル・ラプトゥドー

必ずや極楽浄土におもむきます

**(58)**

དེར་སོང་ནས་ནི་སྨོན་ལམ་འདི་དག་ཀྱང་།།

テルソンネーニ・ムンラム・ディータクキャン

浄土でこれらの誓願も

ཐམས་ཅད་མ་ལུས་མངོན་དུ་འགྱུར་བར་ཤོག།

タムチェーマルー・ンゴントゥ・ギュルワルショー

すべて残らず実現できますように

དེ་དག་མ་ལུས་བདག་གིས་ཡོངས་སུ་བཀང་།།
テタクマルー・ダクキー・ヨンスカン
それらを残らず私が叶え

འཇིག་རྟེན་ཇི་སྲིད་སེམས་ཅན་ཕན་པར་བགྱི།།
ジクテンジシー・セムチェン・ペンパルギー
あらん限りの世間のいのちあるものを幸せにいたします

**(59)**
རྒྱལ་བའི་དཀྱིལ་འཁོར་བཟང་ཞིང་དགའ་བ་དེར།།
ギャルウェー・キンコルサンシン・ガーワテル
美しく喜ばしいほとけ（勝者）のマンダラ（＝極楽浄土）にある

པ་དྨོ་དམ་པ་ཤིན་ཏུ་མཛེས་ལས་སྐྱེས།།
ペーモータムパ・シントゥ・ゼーレーキェー
とりわけ美しい蓮華から生まれ

སྣང་བ་མཐའ་ཡས་རྒྱལ་བས་མངོན་སུམ་དུ།།
ナンワタイェー・ギャルウェー・ンゴンスムトゥ
阿弥陀如来から直接に

ལུང་བསྟན་པ་ཡང་བདག་གིས་དེར་ཐོབ་ཤོག།
ルンテンパヤン・ダクキー・テルトプショー
「将来必ずほとけになる」と予言（授記）の言葉を私が授かりますように

（60）

དེར་ནི་བདག་གིས་ལུང་བསྟན་རབ་ཐོབ་ནས།།

テルニダクキー・ルンテン・ラプトプネー

そこで私は授記を得て、

སྤྲུལ་པ་མང་པོ་བྱེ་བ་ཕྲག་བརྒྱ་ཡིས།།

トゥルパマンポ・チェーワ・ダクギャイー

百億あまたの化身をあらわし

བློ་ཡི་སྟོབས་ཀྱིས་ཕྱོགས་བཅུ་རྣམས་སུ་ཡང་།།

ローイトプキー・チョクチュー・ナムスヤン

十方において智慧の力によって

སེམས་ཅན་རྣམས་ལ་ཕན་པ་མང་པོ་བགྱི།།

セムチェンナムラ・ペンパ・マンポギー

いのちあるものにあまたの幸せをもたらすことができますように

（61）

བཟང་པོ་སྤྱོད་པའི་སྨོན་ལམ་བཏོན་པ་ཡི།།

サンポチューパイ・ムンラム・トンパイー

『普賢行願讃』を唱え

དགེ་བ་ཅུང་ཟད་བདག་གིས་ཅི་བསགས་པ།།

ゲーワチュンセー・ダクキー・チーサクパ

私が積んだどんなささやかな善であっても

དེས་ནི་འགྲོ་བའི་སྨོན་ལམ་དགེ་བ་རྣམས།།
テーニドーワイ・ムンラム・ゲワナム
その善の功徳によって、ほかのいのちあるものの善き誓願が

སྐད་ཅིག་གཅིག་གིས་ཐམས་ཅད་འབྱོར་པར་ཤོག།
ケーチクチクキー・タムチェー・ヂョルパルショー
一瞬ですべて叶いますように

(62)
གང་ཡང་བཟང་པོ་སྤྱོད་པ་འདི་བསྔོས་པས།།
カンヤン・サンポチューパ・ディングーペー
誰でもこの『普賢行願讃』の功徳をほかにふりむけ回向したことによって

བསོད་ནམས་མཐའ་ཡས་དམ་པ་གང་ཐོབ་དེས།།
ソーナムタイェー・ダムパ・カントプテー
はかり知れない特別な福徳を得て、その福徳をふりむけ

འགྲོ་བ་སྡུག་བསྔལ་ཆུ་བོར་བྱིང་བ་རྣམས།།
ドーワドゥンゲル・チュウォル・チンワナム
あらがいがたい苦の川に沈んでいるいのちあるものたちが

འོད་དཔག་མེད་པའི་གནས་རབ་ཐོབ་པར་ཤོག།
ウーパクメーペー・ネーラプ・トッパルショー
阿弥陀の浄土に必ずおもむきますように

(63)

སྨོན་ལམ་རྒྱལ་པོ་འདི་དག་མཆོག་གི་གཙོ།།

ムンラム・ギャルポディタク・チョッキーツォ

この誓願の王の中の王（＝『普賢行願讃』）は

མཐའ་ཡས་འགྲོ་བ་ཀུན་ལ་ཕན་བྱེད་ཅིང་།།

タイェー・ドーワクンラ・ペンチェーチン

はかり知れぬほどあまたのいのちあるものを幸せにするでしょう

ཀུན་ཏུ་བཟང་པོས་བརྒྱན་པའི་གཞུང་གྲུབ་སྟེ།།

クントゥサンプー・ギェンパイ・シュンドゥプテー

普賢菩薩に飾られたこの『普賢行願讃』が説く誓いと願いをすべて成し遂げ

ངན་སོང་གནས་རྣམས་མ་ལུས་སྟོངས་པར་ཤོག།

ンゲンソンネーナム・マルー・トンパルショー

あらゆる悪趣が残らずなくなりますように！

འཕགས་པ་བཟང་པོ་སྤྱོད་པའི་སྨོན་ལམ་གྱི་རྒྱལ་པོ་རྫོགས་སོ།།

パクパサンポ・チューパイ・ムンラムキーギャルポ・ゾクソー

『聖なる＜すぐれたおこない＞の誓願の王』を説き終わりました。

本書で掲載したチベット文は、常用経典として用いられているテキスト（略号表 A。以下同様）を底本とし、TBRC（https://www.tbrc.org）所載の三版（B、C、D)、および西蔵大蔵経北京版所収の三版（E、F、G）の計七版を参照した. 内容に著しい相違はないため、一々の異同に関しては割愛するが、偈番号（2）の第2句中の ཀྱིས་ は D、E、F を採用した（他は ཀྱི་）。偈番号（41）の第3句中の པས་ は、B、C、D、E、F、G を採用した（A は པའི་）。偈番号（55）の第1句は B、C を採用した（A、D、G འཇམ་དཔལ་ཇི་ལྟར་མཁྱེན་ཅིང་དཔའ་བ་དང་།།、E、F འཇམ་དཔལ་ཇི་ལྟར་མཁྱེན་ཅིང་དཔའ་བོ་དང་།།）

和訳に際しては、「参考文献」を参照したほか、ポタラ・カレッジ講師の権田ガワンウースン氏にご助言をいただいた。

**【略号表】**

A：*'dzam gling zhi bde'i ched du zhal 'don smon lam dang bkra shis kyi skor bzhugs*. Dharma Publishing. 2006. pp.6-27. B：karma gu ru. bka' brgyud zhal 'don phyogs bsgrigs. zhang kang then ma dpe skrun khang. zhang kang. 2001. par gzhi 1. W25185. pp. 175-185. C：*dpal ldan shangs pa'i chos skor rnam lnga'i rgya gzhung*. [s.n.]. [sonada. w.b.]. [199-?] on cover: karma rang byung kun khyab. Block Print. W23922. 9 ff. 1a1-9b1（pp. 343-360）. D：*'don cha nyer mkho phan bde'i bum bzang.'* brug sgar dpe mdzod khang. rdo rje gling. 2001. W23685. 33 ff.（pp. 257-322）. E：『聖者妙行王誓願〔普賢菩薩行願讃〕』. No. 716. 268a2-271b4. F：（No. 716の重出）No.1038. 296b1-299a7. G：『聖賢行願王〔普賢菩薩行願讃〕』. No. 5924. 288b6-292a7.

**【参考文献】**

足利惇氏「普賢菩薩行願の梵本」『京都大学文学部研究紀要』1956、通号　4、pp. 1-16.　中村元「華厳経」『華厳経』『楞伽経』（現代語訳大乗仏典　5）、東京書籍、2003.　中御門敬教「阿弥陀信仰の展開を支えた仏典の研究（2）―陳那、釈友、智軍の〈普賢行願讃〉理解　普賢行願区分の章（8章1節―8章10節）―」『浄土宗学研究』知恩院浄土宗学研究所、2007、第34号、pp. 1-75.　同「阿弥陀信仰の展開を支えた仏典の研究（3）―陳那、釈友、智軍の〈普賢行願讃〉理解　普賢行願区分の章（8章11節）―」『浄土宗学研究』知恩院浄土宗学研究所、2008、第35号、pp. 1- 66.　同「阿弥陀信仰の展開を支えた仏典の研究（4）―陳那、釈友、智軍の〈普賢行願讃〉理解　普賢行願区分の章（8章12節）―」『浄土宗学研究』知恩院浄土宗学研究所、2009、第36号、pp. 1- 27.　同「阿弥陀信仰の展開を支えた仏典の研究（5）―陳那、釈友、智軍の〈普賢行願讃〉理解　廻向の区分の章（8章13節）―」『浄土宗学研究』知恩院浄土宗学研究所、2010、第37号、pp. 73-121.　同「阿弥陀信仰の展開を支えた仏典の研究（6）―陳那、釈友、智軍の〈普賢行願讃〉理解　廻向の区分～廻向の善の章（8章14節―10章1節4項）―」『浄土宗学研究』知恩院浄土宗学研究所、2011、第38号、pp. 1-75.　同「阿弥陀信仰の展開を支えた仏典の研究（7）―陳那、釈友、智軍の〈普賢行願讃〉理解　廻向の善の章、廻向文（10章2節1項―廻向文）―」『浄土宗学研究』知恩院浄土宗学研究所、2012、第39号、pp. 1-78.　同「阿弥陀信仰の展開を支えた仏典の研究（8）―智軍の〈普賢行願讃〉理解 vs. 1-12　補遺―」『浄土宗学研究』知恩院浄土宗学研究所、2013、第40号、pp. 1-39.

〈GOMANG HOUSE（ゴマン・ハウス）〉

ＭＭＢＡ内のアカデミックな機関であるゴマン・アカデミーの事務局。ゴマン・アカデミーは、２０１５年４月５日に現ダライラマ法王を招き、日本初となるチベット研究者による学術シンポジウムを開催した。

〒１０８－００７４　東京都港区高輪２丁目１－４－１０２

Tel 03-5422-9574　Fax 03-5422-9614

●**一般社団法人インターナショナル・ゾクチェン・コミュニティ・ムンセルリン**

ナムカイ・ノルブ・リンポチェの教えに従い、定期的に勉強会やゾクチェンの行法としてのヨーガ講習会、トランスミッションなどをおこなう。

http://dzogchencommunity.jp

この他、特定のラマを囲んで勉強会を開くグループもあるが、ほとんどのラマ方が右記のいずれかと関わっているだけでなく、メンバーも重なっていることが多いため、より深いチベット世界に足を踏み入れようと志す方は、まず最初にこのいずれかの門を叩いて頂ければ、それぞれの望みに添った道が見つかるに違いない。

こなう。
〒１０１－００４１　東京都千代田区神田須田町１－５　翔和須田町ビルＢ１
Tel/Fax 03-3251-4090
http://www.potala.jp

**●チベット文化研究会**

所長はペマ・ギャルポ氏。仏教講座、語学講座の他、チベット仏画講座なども開催。ニンマ派、カギュー派の僧侶を招き灌頂もおこなう。
〒１４１－００３１　東京都品川区西五反田２－12－15－４０１
Tel 03-5745-9889　Fax 03-3493-3883
http://tibet-tcc.sakura.ne.jp

**●ＭＭＢＡ　文殊師利大乗仏教会**

ゲシェラー（ケンスル・リンポチェ・テンパギェルツェン）を初代会長とした、日本初の正式なチベット仏教僧院を広島県に開設。各種法要、セミナー開催のほか、チベット仏教文献の翻訳・発行を開始。
〒７３２－００６３　広島県広島市東区牛田東３－３－41　龍蔵院デプン・ゴマン学堂日本別院
Tel 082-223-3454　Fax 082-573-1228
https://www.mmba.jp

# 付録3　チベット仏教を学ぶために

日本でチベット仏教に正しく接することのできる機関、団体の連絡先を以下に掲載する。（2018年2月現在）

**●ダライ・ラマ法王日本代表部事務所（チベットハウス・ジャパン）**

チベット亡命政権の代表機関。文化交流に力を尽くし、ダライラマ法王の来日イベントや法話会、チベット僧による法要などを開催する。

〒161-0031　東京都新宿区西落合3-26-1

Tel 03-5988-3576　Fax 03-3565-1360

http://www.tibethouse.jp

**●チベット仏教普及協会（ポタラ・カレッジ）**

チベット僧や直弟子の日本人による仏教講座、語学講座を開設。ゲルク派の僧侶を招き灌頂もお